国家社科基金重大项目“中国边境口岸志资料收集与整理研究”
（17ZDA157）阶段性成果

兰州大学铸牢中华民族共同体意识研究培育基地资助项目

徐黎丽　于洁茹 / 主编

公共安全概论

PUBLIC SECURITY

社会科学文献出版社
SOCIAL SCIENCES ACADEMIC PRESS (CHINA)

目　录

绪论　为什么要研究“公共安全”问题 ………………………… 001

第一章　什么是公共安全 ………………………… 004

第一节　安全的界定 ………………………… 004

第二节　公共安全界定 ………………………… 007

本章小结 ………………………… 010

第二章　城市公共安全 ………………………… 011

第一节　城市人口安全 ………………………… 011

第二节　城市生产和交通安全 ………………………… 016

第三节　城市社会治安 ………………………… 021

第四节　城市经济安全 ………………………… 026

第五节　城市信息安全 ………………………… 030

第六节　城市文化安全 ………………………… 035

第七节　城市公共卫生安全 ………………………… 038

本章小结 ………………………… 044

第三章　乡村公共安全 ………………………… 045

第一节　乡村自然灾害 ………………………… 045

第二节　乡村生态安全 ………………………… 054

第三节　乡村资源安全 ………………………… 062

第四节　乡村食品安全 ………………………… 072

本章小结 ………………………… 081

第四章　边境公共安全 …… 082
第一节　国土主权安全 …… 082
第二节　跨国犯罪 …… 090
第三节　打击“三股势力”，维护国家安全 …… 098
本章小结 …… 113

第五章　总体国家安全观 …… 114
第一节　我国的国家安全观 …… 114
第二节　国家主权与国土安全 …… 120
第三节　意识形态领域的安全 …… 129
第四节　军事安全 …… 133
第五节　核安全 …… 139
本章小结 …… 145

参考文献 …… 147

后　记 …… 165

绪论　为什么要研究“公共安全”问题

人类是地球上数量较多的物种之一。如今与现存的其他动物相比，无论从数量上还是质量上看，人类都具有一定的优势。联合国的一份报告曾指出：“2019 年地球上的人口将达到 77 亿。”① 这个数字对地球上任何动物而言都是庞大的。从人类掌握的科学技术和文化知识来看，人类不仅利用科学技术创造出高铁、航空母舰和飞机，而且根据不同的自然环境与资源创造出有助于人类生存与发展的文化知识体系。因此有些人认为人类是地球上最聪明、最强大、最有力量的群体。可是，事实果真如此吗?

从人类记录并保存下来的各类动物成长期的资料来看，无论陆地上的虎、狮、豹、马、牛、猴、羊，还是水中的鲸、海狮、海豹，或是空中飞行的各种鸟类，它们的成长期均为几个小时到几十个小时不等，相对而言，人类的成长期就显得较为漫长。人类除哺乳期比其他动物都长外，体能成长也很缓慢。人类婴儿三个月左右才能抬起头，半年之内才能学会爬行、翻身和坐立，一岁左右才能蹒跚走路，三岁之前如果能够稳走稳跑就可以用健康来形容。在这个过程中，如果没有父母或其他同类的呵护，人类的婴儿会受到地球上其他比人类更有力量的物种的威胁，因此人类从出生开始遇到的安全威胁就属于我们今天所说的“公共安全”问题之一。

从文化方面来说，人类从学会母语开始，就一直在学习从祖先那里继承的传统文化知识以及不断发展完善的科学技术。为什么现在的孩童玩耍的时间越来越少、学习的时间越来越长？那是因为孩童只有花时间习得这些知识和文化，才可能抵御在生存和发展过程中所遇到的安全威胁。比如孩童在习得传统文化和科技知识后就可以避免经历人类祖先在寻找食物时所遇到的危险。中国史籍中记载的神农氏尝百草的故事，其实就讲述了中

---

① 《2019 年地球上的人口将达到 77 亿》，联合国官网，http：//www. uux. cn/viewnews - 94638. html，最后访问日期：2019 年 5 月 17 日。

国人的祖先们在探索哪些植物可以作为药物与食物时的艰苦过程。虽然现在人类可以通过典藏史籍知道什么样的植物能吃及如何吃，但这些经验和教训全部都是人类祖先以生命为代价总结出来的。随着人口增长，以及很大的就业压力，现在越来越多的青年选择在学校中进一步深造，以求掌握更多的谋生技能，可见，威胁人类生存与发展的因素不仅来自外部环境，也来自人类本身。

人类与其他物种一样，也面临生老病死的问题，为了更好地生存与发展，人类的祖先从实践中总结出各种治疗经验并将其发展成医学，例如，阿拉伯地区有《医典》，西方国家则有西医等。在医疗科技的发展过程中，人类同样经历了以牺牲众多生命为代价获取医疗知识的过程。从这点来看，医疗安全也是"公共安全"问题之一。可以说，人类作为进化环节较多、生长期比较长的物种，必须依靠集体团结协作的力量才能在复杂多变的地球上生存，人类面临的多种安全威胁都具有公共性。如何适应地球自然环境和创造性地发明新知识来获取自然赋予人类生存所需的自然资源则是人类克服这些公共安全威胁的手段，其核心是人类不同群体如何团结一致共同发展的问题。

从人类面临的自然灾害和人类社会可持续发展的角度来看，人类面临的整体性安全威胁并没有随着人类科学技术的不断发展、传统文化的不断积累而减少，而是安全与威胁并存，风险与安居同在。就自然灾害而言，人类至今无法克服地震、泥石流、山洪、海啸、火山爆发等自然灾害所带来的重大影响。在人为灾害方面，当人类在依靠集体力量并应用科学技术探寻更多的资源为人类越来越多的需要服务时，一些不可再生资源因分布不均或分配不均也会对跨国跨区域的公共安全造成威胁。同样，对不可再生资源的不合理利用同样会影响人类的正常生活。由此类推，人类不仅要面对重大自然灾害带来的安全威胁，而且当绝大多数的地球资源不能满足人类日益增长的多种需要时，人类面临的安全威胁也来自人类本身，越来越多的人口和越来越少的自然资源之间的矛盾也将成为影响人类生存与发展的问题。由于目前人类生活的范围以国家为界，因此国家间能否形成有利于生产力发展的良性关系就成为衡量人类所处环境是否安全的标准。可以说，虽然人类在不断进化的过程中积累了比其他物种更多的知识和经验，这些知识和经验虽使人类能够以一定的优势在地球生存，但人类始终面临来自自然界和人类社会两个方面的生存与发展威胁。

因此，无论在人类的先祖时期，还是在人类文明如此发达的今天，我们都面临不同的公共性问题，这些公共性问题所造成的威胁，就属于公共安全的范畴，人类只有正视并解决这些问题，才能在地球上可持续地生存下去。这就是本书为什么研究“公共安全”问题的原因。

第一章　什么是公共安全

公共安全，是人类群体在公共领域进行活动时面临的安全问题。本章主要界定安全、公共安全的概念及公共安全的分类。

第一节　安全的界定

安全，不仅表现为客观存在的安全环境；而且表现为人类主观意识到无危险存在的状态；还表现为人类群体在行为上没有冲突发生的情况。由于人类面临的安全威胁会影响人类安全观的形成，安全观又会影响人类在应对危险时所产生的行为。因此本节从中西方不同人类群体的安全观谈起，然后再界定“安全”的概念。

一　安全观

（一）中国人的安全观

在汉语中，“安全”这两个文字形象地表达了中国人对安全的认识和理解。“安”字由上下两个部分组成，上半部分的宝盖头代表“家庭”，下半部分为“女”，意为女子在家则平安。这一方面体现了家是女子从事生产活动与感到安全的空间，另一方面也形成了传统中国家庭里“女主内”的性别分工。“全”字也由上下两个部分组成，上半部分为“人”，下半部分为“王”，这体现了男性在家庭和社会中“人中王者”的价值观，也表明了自给自足的小农经济家庭中“男主外”的性别分工。中国社会的最基本单位——“家庭”，就是在这样的传统安全理念中走过几千年。无论家庭还是社会和国家，这种传统的安全理念都大致相同。国家控制的领土之内被视作安全地域，在这个安全地域内，女子在家相夫教子，男子在田间劳作或在朝中为官，“君君、臣臣、父父、子子”的传统等级观念规范着古代中国人的行为，从而维持整个中国古代社会的有序运转，使国家内部处于安全状态。这种安全理念以国家控制的实体边界为界限，高筑边界围墙，对外加强防御、对内注重秩序等级的动态平衡，因而是一种内敛的、有秩序的、封闭的安全观。然而中国古代草原上的游牧民族却有独特的安全观。正如拉铁摩尔在《中国的亚洲内陆边疆》一书中所说：“在部落社会中，有两种方式互为消长，部落从来是不稳定的。牧场的使用与移动的需求可以使部落分裂为若干个群，但也可以将各个部落互相联合在一位有力的可汗的领导之下。而领土附庸制度则阻止了联合的形成（因为它可以威胁统治者的权力），保持着土地单位的分裂，从而分割了部落组织。蒙古王公们从清朝政府取得俸禄，同时承认清朝皇帝有决定他们世袭权的权力。这个权力可用以逐渐增加蒙古王公的数目，进一步分割土地和部落单位。”① 也就是说，“草原社会的经济比农耕社会的经济更重于自给自足，牲畜提供食物、衣着、居住、燃料和运输。虽然没有内部贸易的必要性，草原却有对外贸易的社会必要性。”② 这就决定了草原社会只有在开放与移动中才能保障游牧民族的生存与发展需要，因此迁徙、开放、交流与合作则是中国古代草原上游牧民族的安全观。

（二）西方人的安全观

西方社会的发展不同于中国社会的发展。以古希腊罗马为代表的欧洲文明起源于地中海北部沿岸城邦之间的商业贸易。在由东向西和由北向南的民族大迁徙过程中进入欧洲的民族多以游牧经济为其主要经济发展模式，而游牧经济天然地与商品流通联系在一起。欧洲不断增长的人口与有限的资源形成矛盾。于是欧洲的一些国家在不断提高航海技术的前提下，将富余人口输送到新大陆，以缓解欧洲大陆的人口压力，同时也使人类的足迹遍布地球上更多适合人类居住的陆地。在这个过程中，以开采不可再生资源为基础的工业和日益成熟的商品经济相结合，促使欧洲商业资本得以积累和传播。资本积累和传播的自然结果就是形成跨越国界的全球贸易，使资本流通速度越来越快。正如马克思和恩格斯在《共产党宣言》中所说：

① 〔美〕拉铁摩尔：《中国的亚洲内陆边疆》，唐晓峰译，江苏人民出版社，2005，第54页。
② 〔美〕拉铁摩尔：《中国的亚洲内陆边疆》，唐晓峰译，江苏人民出版社，2005，第54页。

“资产阶级，由于开拓了世界市场，使一切国家的生产和消费都成为世界性的了……旧的、靠本国产品来满足的需要，被新的、要靠极其遥远的国家和地带的产品来满足的需要所代替了。过去那种地方的和民族的自给自足和闭关自守状态，被各民族的各方面的互相往来和各方面的互相依赖所代替了。”① 这种以积累资本为主要目标的经济发展模式成为衡量国家安全最重要的指标。为了争夺市场、资源和人力，西方大国凭借日益增多的资本将殖民统治拓展到世界各地。经过两次世界大战和冷战后，以全球贸易、跨国公司为代表的经济全球化发展兴起。与此同时，由全球化引发的生态安全、经济安全、能源安全、环境安全、公共卫生安全等问题频频出现，因此，人类需要在全球化的背景下正确处理安全威胁的问题。

二　安全界定

虽然东西方人类不同群体的安全观和价值观不同，但他们对安全的体验和认识有相同之处，这就是安全都是相对于危机而产生的。个人、群体或国家只有感受到危机才会关注安全的重要性。国外一些安全研究者认为，“安全概念本身是不确定的，在不同领域、不同场合、不同时间，面对不同的行为体和不同的问题会有不同的安全概念，任何一种概念的界定都容易造成以偏概全的后果”。② 小霍姆斯曾指出：“安全是一种活生生的思想的外皮，它应用的时间和环境不同，色彩和内容就可能截然不同。”③ 巴瑞·布赞也认为，“安全的本性使人们不可能得到一致认同的界定，安全仍然是一个有待发展的概念”。④ 因此“安全只是一个模糊的象征”。⑤ 再从国内安全研究的现状来看，学者们谈及的安全，总是指某个方面的安全，比如金融安全、海洋安全、网络安全、食品安全等。王逸舟教授认为：“单从字面上简单理解，安全指的是行为主体（无论个人、国家还是其他集团）在自己生活、工作和对外交往的各个方面能够得到或保持一种不受侵害、免于恐

---

① 〔德〕马克思、恩格斯：《共产党宣言》，博古译，外国文书籍出版局，1949，第19536页。

② 王常启、尹新蚕：《国家安全界定问题的理论根源探究》，《学理论》2015年第22期。

③ Oliver Wendell Holmes. *In Search of a Post - Cold War Security Structure*. McNair Paper，1994，pp. 24 - 25.

④ 〔英〕巴瑞·布赞：《新安全论》，朱宁译，浙江人民出版社，2003，第7~9页。

⑤ Peter. Mangold. *National Security and International Relations*. London and New York：Routledge，1990，pp. 2 - 3.

惧、有保障感的状态。"[①] 余潇枫教授则把安全描述为"客观上不存在威胁，主观上不存在恐惧，主体间不存在冲突"。[②]

综上所述，安全就是指人类的生存和发展没有受到威胁，没有遇见危险、没有受到危害、损失的状态。具体来说，就是指人类与生存环境和谐相处，人类不同群体之间不互相伤害，人类的生存环境不存在危险的状态。它是人类所处环境中有威胁存在、人类主观上可感知威胁存在并想方设法摆脱威胁的行为和心理过程。

第二节　公共安全界定

一　公共安全界定

综观人类的长期演化过程，可以看出，公共安全与人类历史的发展相伴始终。但学界对公共安全的界定有分歧，有人认为公共安全指的是"不特定多数人的生命、健康或者重大公私财产的安全"。[③] 有学者在界定公共安全概念时增加了"公众生活的平稳与安宁"[④] 的条件，甚至还有学者将公共安全概念的外延扩展至"重大生产安全""重大公共利益安全"[⑤] 等。虽然学者们对公共安全概念的界定不同，但在现实生活中，无论我们用什么样的手段保护人类的安全，公共安全总会涉及两个方面：第一个方面是指人类群体或个体在正常的生活、工作、学习、娱乐和交往中所需要的稳定的外部环境和秩序；第二个方面则指人类群体或个人本身的行为是否符合公共活动秩序和规范。比如 2017 年，某煤业有限公司的综采工作面运输顺槽和联络巷交叉口处发生一起顶板事故，造成 3 人死亡，2 人受伤，直接经济损失 600 多万元，这就属于人类群体或个体在进行正常的生产活动时没有得到稳定的外部环境和秩序的保障。此外，那些因违反公共秩序和规范的

---

① 王逸舟：《论综合安全》，《世界经济与政治》1998 年第 4 期。

② 余潇枫：《非传统安全概论（第二版）》，北京大学出版社，2015，第 34 页。

③ 刘宪权：《刑法学》，上海人民出版社，2012，第 382 页。

④ 张明楷：《刑法学》，法律出版社，2011，第 603 页。

⑤ 邵维国：《论我国刑法中公共安全的内涵及其认定标准》，《中国青年政治学院学报》2002 年第 6 期。

群体和个体，也会威胁公共安全。比如，随着人民群众的生活水平普遍提高，有车的团体、家庭或个人也越来越多，但一些人因不遵守交通秩序和规范，由此而引发的交通安全事故比比皆是。原国家安全监管总局、交通运输部发布的某个研究报告显示，虽然近年来我国道路交通事故发生率降幅明显，但我国交通事故年死亡人数仍高居世界第二。仅在 2016 年我国道路交通事故就有 864.3 万起，造成死亡人数约 6.3 万人①，其中，我国高速公路交通事故死亡人数占道路交通事故死亡总人数的 10% 左右，追尾与剐蹭行人、疲劳驾驶、超速等问题突出。因此公共安全既包括公共活动场所的安全，也包括在公共场所活动的群体和个体的安全。

二 如何进行公共安全管理

公共安全总是与公共安全事件联系在一起，如自然灾害、事故灾难、公众卫生事件和社会治安案件等。为此，不同的国家根据不同的公共安全事件，设置了不同的管理机构。例如，中国的公共安全管理机构包括在中央一级成立的应急管理部，并针对不同公共安全问题而组建的以管理自然灾害为主的国务院减灾委员会；以管理事故灾难为主的国务院安全生产委员会；以管理公共卫生为主的全国爱国卫生运动委员会和以管理社会治安为主的中央社会治安综合治理委员会。在地方政府一级也相应组建了应急管理办公室和处理不同公共安全事件的管理委员会。除此之外，国家还出台了各类公共安全管理的应急预案、制定了一系列法律法规，因此中国公共安全的管理体制已经形成。而公共安全管理的目的就是减少人类的生命与财产损失。

人类行为失范或公共场所本身存在的隐患都会威胁人类的安全，因此对公共安全的管理显得尤为重要。比如上海外滩踩踏事件就是一起典型的公共安全事件。2014 年 12 月 31 日 23 时 35 分许，上海外滩陈毅广场发生拥挤踩踏事故，致 36 人死亡、47 人受伤。② 从这一由预防准备不足、现场管理不力、应对处置不当而引发的拥挤踩踏并造成重大伤亡和严重后果的公

① 《惊！2016 年中国交通事故死亡人数 6.3 万持世界第二》，搜狐网，https：//www.sohu.com/a2118295b7_ 16300/，最后访问日期：2019 年 5 月 18 日。

② 《跨年夜上海外滩踩踏事件：短短 17 级台阶 36 人挤压中遇难》，浙江在线健康网，http：//health.zjol.com.cn/system/2015/01/02/020442756.shtml，最后访问日期：2020 年 6 月 6 日。

共安全事件可以看出公共安全管理的重要性。

公共安全管理是指国家行政机关为了维护公共活动领域的安全秩序，保障人民的合法权益，以及各项公共活动的正常进行而做出的各种行政管理活动的总和。它主要通过制定公共安全管理法律法规来维护社会秩序和保障公共安全，保护人民群众人身、财产安全和公共财产安全，促进经济和社会的和谐发展。中央和地方各相关部门都陆续出台了针对不同行业的公共安全管理条例，例如，原卫生部发布的《突发公共卫生事件与传染病疫情监测信息报告管理办法》、公安部发布的《公共娱乐场所消防安全管理规定》、国务院发布的《公共场所卫生管理条例》、上海市政府发布的《上海市社会公共安全技术防范管理办法》和广东省政府发布的《广东省高层公共建筑消防安全管理规定》等。但是公共安全管理的相关条例或办法只是起协调、维护、疏导、监督的作用，对违反公共安全的人处置力度较弱，这就给那些不断违反公共安全管理要求的个体或群体留下了可乘之机，进而给公众造成伤害。因此加强公共安全的法治建设势在必行。

三　公共安全分类

由于国家是人类目前最主要的生存与发展组织，因此在国家范围内对民众所面临的公共安全威胁进行分类较为科学。比如乡村、牧场的农牧民与城市居民面临的公共安全威胁不同，生活在边境区域与中心区域的民众所面对的公共安全威胁不同。因此我们依据国家范围内国民在不同生活区域面临的公共安全威胁，将公共安全分为城市公共安全、乡村公共安全、边境公共安全和总体国家安全观。

城市公共安全属于“点”的安全，特指在城市范围内，使城市民众生产生活正常运行的安全状态。包括城市人口安全、城市生产和交通安全、城市社会治安、城市经济安全、城市信息安全、城市文化安全、城市公共卫生安全。

乡村公共安全属于“面”的安全，乡村公共安全主要指在国家范围内城市以外的乡村牧场渔村，使乡村牧场林区渔村等地民众生产生活正常的安全状态。乡村公共安全包括乡村自然灾害、乡村生态安全、乡村资源安全、乡村食品安全。

边境公共安全属于“带”的安全，由于国家边境区域是国家的边缘地带，因此边境公共安全就是指国家边境地区领土、主权、人民及政权的安全状态，包括国土主权安全、跨国犯罪、打击“三股势力”与维护国家安全。

总体国家安全观则属于国家的总体安全理念，特指总体国家安全观及其实践。包括我国的国家安全观、国家主权与国土安全、意识形态领域的安全、军事安全和核安全。

本章小结

安全就是指人类的生存和发展没有受到威胁、没有遇见危险、没有受到危害、损失的状态；公共安全包括公共活动场所的安全和在公共场所活动的群体和个体的安全。本书将公共安全分类为城市公共安全、乡村公共安全、边境公共安全、总体国家安全观。

第二章　城市公共安全

城市公共安全是一个永恒的话题，城市出现以来，城市公共安全就一直被放在首要位置。随着我国经济的快速发展，城市的变化日新月异，城市公共安全也面临多方面的巨大挑战。具体来说，城市公共安全主要包括以下七个方面：城市人口安全、城市生产和交通安全、城市社会治安、城市经济安全、城市信息安全、城市文化安全和公共卫生安全。

第一节　城市人口安全

中国目前有很多人生活在城市，加上数以亿计的城市流动人口，中国的城市人口占全国总人口的比重日益增大，而且城市地区的人口密集程度也远远大于农村地区，大大增加了城市的运行负担。因此城市的人口安全也就成了整个国民安全的重要部分。城市人口安全问题具体包含哪些方面？它会受到怎样的影响和威胁？我们又该通过何种方法改善城市人口安全的现况？本节将分别从城市人口规模安全、城市人口结构安全与其他城市人口安全三个方面回答上述问题。

一　城市人口规模安全

城市人口规模安全问题可以理解为过多的城市人口所带来的安全问题。我国城市聚集了全国一半以上的人口，并且还有数量庞大的流动人口。一些研究者在对我国未来城市人口规模预测时指出，2010～2030年，在城市不断发展、人口又不断增长的情况下，城市将成为我国主要的社会形态。[①]

---

① 王恒：《中国城市人口安全问题研究》，西南财经大学，博士学位论文，2013。

数量庞大的城市人口，不仅使城市的自然生态环境缺少休养生息的时间，而且对城市的基础设施和公共服务设施造成巨大压力，使需要就业的劳动力面临严酷的就业形势。未来我国城市人口规模的变化情况，会对城市的发展环境提出更高要求。[①]

二　城市人口结构安全

根据相关研究可知，从结构性角度来看，我国城市人口安全问题主要集中于以下三个方面：一是城市人口的空间分布不合理；二是城市人口老龄化严重；三是城市人口出生性别比严重失调。[②]

第一，我国城市人口的空间分布不合理问题由来已久。城市人口的空间分布不合理问题的产生既受自然环境影响，也受人为因素的影响。例如，繁华的市中心是年轻人居住的首要选择，市中心虽然拥挤，但为生活提供了诸多便利；而老年人更愿意选择在郊区居住，郊区优美的环境、慢节奏的生活足以弥补交通上的不便。可见，人们如何选择居住地，在一定程度上受到城市发展的影响。然而城市中心区域的人口数量不断增加，无形中加大了城市的控制成本和运行压力，带来很多安全隐患。根据目前我国的城市人口现实状况判断，对于城市人口空间分布不合理的问题，城市规划和拆迁是较为有效的解决办法。

第二，随着我国老年人口数量的增多，城市人口的老龄化情况值得关注。我们必须清楚地认识到，我国不发达的养老保障机制、养老服务业等与老年人日益增长的养老需求之间的矛盾。[③] 国家统计局最新人口调查数据显示，截至 2019 年，我国 65 岁及以上人口已达到 1.7599 亿人，占全国总人口的 12.57%，老年抚养比为 17.8%。[④] 到 2050 年，老年人口总量预计将超过 4 亿人，老龄化水平推进到 30% 以上[⑤]，其中空巢老人的占比逐渐上升，老年人的养老问题逐渐凸显。

---

① 王恒：《中国城市人口安全问题研究》，西南财经大学，博士学位论文，2013。

② 王恒：《中国城市人口安全问题研究》，西南财经大学，博士学位论文，2013。

③ 王恒：《中国城市人口安全问题研究》，西南财经大学，博士学位论文，2013。

④ 《国家数据：人口年龄结构和抚养比》，国家统计局官网，http://data.stats.gov.cn/easyquery.htm?cn=C01，最后访问日期：2019 年 1 月 5 日。

⑤ 《中国人口老龄化发展趋势预测研究报告》，《中国妇运》2007 年第 2 期，第 15～18 页。

第三，近年来，我国城市的出生人口性别比失衡现象愈加明显。2009年国家统计局公布的城市人口出生性别比为119.45，超出联合国于1955年设定的正常域值（102～107），特别是江西、广东、海南2000年出生人口性别比则分别达到了138.01、137.76、135.04。[①] 从地域分布上来看，不仅东南沿海地区城市面临出生人口男女性别比失衡的问题，中部地区和西部地区城市也都出现了这个问题。城市人口出生性别比失调可能导致城市人口性别结构失衡，存在影响家庭稳定和社会稳定的潜在风险。[②] 为了改善城市人口出生性别比持续失衡的状况，从2011年8月开始，原国家人口计生委、公安部、原卫生部等6部门联合开展了为期8个月的禁止非医学需要的胎儿性别鉴定和选择性别人工终止妊娠的“两非”专项整治行动，在一定程度上改善了城市人口的性别比例。[③]

三　其他城市人口安全

城市人口安全问题错综复杂，除了城市人口规模安全问题与城市人口结构安全问题，还包括城市人口健康问题、城市流动人口问题和城市贫困人口问题。

第一，城市人口健康问题。要谈人口安全，人的生命和健康是最重要的因素。近年来我国新生儿出生缺陷发生率明显增高。每年有80万～120万的新生儿出生缺陷病例（其中有30万～40万的病例为肉眼可见的有出生缺陷的婴儿），每年有出生缺陷的新生儿数量占出生人口总数的4%～6%[④]。此外心肌梗死、脑出血、哮喘等引起的猝死病例数在我国很多城市也有上升的趋势。北京市2011年猝死患者达到2181人，平均每天约有6人猝死，其中50岁以下猝死的中青年人数比例达到12.56%[⑤]。上海市的相关调查显

① 李禄胜、李江波：《我国出生人口性别比失调寻源及对策研究》，《青海社会科学》2011年第2期，第40～42页。

② 王恒：《中国城市人口安全问题研究》，西南财经大学，博士学位论文，2013。

③ 崔立勇：《出生人口性别比失调的原因与对策分析》，《企业导报》2014年第3期，第184页。

④ 《中共中央国务院关于全面加强人口和计划生育工作统筹解决人口问题的决定》，国家卫生健康委网，http://www.nhc.gov.cn/wjw/zcjd/201304/e24af7197d5748e4be91a2cf45ff0586.shtml，最后访问日期：2019年1月5日。

⑤ 《七成以上中国人处于亚健康状态　长期积累易猝死》，腾讯网，https://ln.qq.com/a/20140520/007769.htm，最后访问日期：2019年1月5日。

示，全市大约80%的白领时常加班，70%的白领处于疲劳状态，30%的白领常常面临失眠、脱发等问题。此外，值得关注的是，在日常生活中城市人口患慢性病、癌症、艾滋病、精神疾病等的概率正在逐渐上升，这给城市人口的生命安全带来了直接的威胁。众多生命的逝去，对城市的发展与建设而言是重大的、无法弥补的损失。

现实情况表明，近年来患慢性病的城市人口数量在持续增长，猝死现象增多，并迅速向年轻化发展。这是社会发展与环境、人口结构以及生活方式综合作用的结果，只有坚持健康的生活方式，城市人口的基本生命健康安全才能得到保障。

第二，城市流动人口问题。外来务工人员是城市流动人口的主力军，他们为城市做出贡献。但他们融入城市的过程并非一帆风顺，由于没有城市户口，他们在社会保障、医疗卫生、子女教育等方面时常难以得到相应的待遇。这给城市的社会治安管理、计划生育管理等带来了一些问题。① 其中影响较大的就是因拖欠农民工工资而衍生出的社会治安问题。此类事件被曝光后，多次引发网民热议，农民工维权问题逐渐进入人们的视野。②

城市外来务工人员的社会地位与就业稳定之间有很大关系，要解决由流动人口带来的城市人口安全问题，可以考虑优先解决他们的经济纠纷问题、身份问题、社会地位问题。③ 党和政府高度重视农民工权益，2005年2月7日，原劳动和社会保障部发布了《关于废止〈农村劳动力跨省流动就业管理暂行规定〉及有关配套文件的通知》，并由原劳动和社会保障部发布《农民工维权手册》。随后国家开始重点整治恶意拖欠农民工工资的企业与个人，2006年1月18日国务院出台的《关于解决农民工问题的若干意见》提出，要逐步地、有条件地解决长期在城市就业和居住的农民工的户口问题。全国农民工工作座谈会提出，政府及社会要为农民工办十件实事，使党和国家的各项政策能够给农民工带来实惠。2018年人社部印发的《关于进一步做好春节前保障农民工工资支付工作的通知》中强调，重大欠薪案件要挂牌督办，切实做好保障农

---

① 王恒：《中国城市人口安全问题研究》，西南财经大学，博士学位论文，2013。

② 《百余建筑工被欠工资两年称年关难过》，腾讯网，https：//sz. house. qq. com/a/20130111/000001. html，最后访问日期：2019年5月15日。

③ 王恒：《中国城市人口安全问题研究》，西南财经大学，博士学位论文，2013。

民工工资支付工作。[①] 在党和政府的关怀下，城市外来务工人员的生活状况正在逐渐改善，城市外来务工人员也正在融入城市社会。

第三，城市贫困人口问题。所谓城市贫困人口是指生活在城市，却没有足够的经济收入来维持其基本生活需要，且达不到起码生活水平的群体。据统计，2019 年我国城镇登记失业人数为 945 万人，城镇失业率为 3.6%。[②] 其中城市失业人员和下岗职工构成了城市贫困人口的主体。城市失业问题和随之而来的贫困问题成为我国城市发展中面临的重大难题。

贫困是发展的敌人。贫困人口的存在对城市经济发展产生重大影响。《中国 21 世纪议程——中国 21 世纪人口、环境与发展白皮书》指出，消除贫困与可持续发展是统一的整体或一个问题的两个方面。不消除贫困就难以持续发展。[③] 国家每年也投入大量的资金进行扶贫，可见国家对消除贫困所做出的巨大努力。此外，贫困很容易导致社会问题。由不公平引起的贫困很容易使贫困群体心理不平衡，使其做出不恰当的行为。例如农民工在要求发放欠发的工资、下岗工人寻求工作机会时发生的冲突等，可见，因贫困引发的社会问题不可小觑。[④]

综上所述，城市中出现的各种人口安全问题，因受人口发展的惯性影响，一旦出现问题，可能要通过一代或者几代人的努力才能得到解决，其成本和风险都很大，因此政府必须要有长远眼光，做好城市人口安全预警工作[⑤]，其中，构建城市人口安全预警体系是重中之重，政府必须严格遵循全面、客观、系统等原则，利用专业技术，完善城市人口安全信息数据库，并在此基础上做好城市人口安全监测，并对系统进行定期评估，为制定城市人口安全决策做好准备。应对城市人口安全问题，除了要做好预警外，政府还要对问题的根源进行治理，例如优化城市人口发展战略、加强小城镇、城市群的建设、完善城市人口安全的相关政策等。[⑥] 中国梦的实现，就

---

① 《人社部——重大欠薪案件要领导包案挂牌督办》，新浪新闻，http://www.chinanews.com/gn/2018/01-31/8437356.html，最后访问日期：2019 年 5 月 15 日。

② 《国家数据：城镇登记失业人员及失业率》，国家统计局网，http://data.stats.gov.cn/easyquery.htm?cn=C01&zb=A0305&sj=2019，最后访问日期：2019 年 1 月 5 日。

③ 《中国 21 世纪议程——中国 21 世纪人口、环境与发展白皮书》，中国环境科学出版社，1994，第 1~10 页。

④ 齐文远：《应对中国社会风险的刑事政策选择——走出刑法应对风险的误区》，《法学论坛》2011 年第 26 期，第 12~20 页。

⑤ 王恒：《中国城市人口安全问题研究》，西南财经大学，博士学位论文，2013。

⑥ 王恒：《中国城市人口安全问题研究》，西南财经大学，博士学位论文，2013。

是要保障城市人口安全，让全体城市居民都感到安全幸福。因此在整个城市人口安全的管理中，政府要时刻以人为本，尽力完善利益分配机制，切实保障不同职业、不同年龄、不同社会阶层的利益。

第二节 城市生产和交通安全

“高高兴兴上班去，安安全全回家来”是生活在交通发达、生产类别多样的城市中的人们对安全工作和平安回家最朴实的愿望。但生产和交通事故往往会危及人民的生命及财产安全，因此，加强城市的生产安全和交通安全管理刻不容缓。

一 生产安全

城市生产安全是指人类采取一系列手段使生产过程在符合规范的条件下进行，有效消除、控制生产过程中的危险和有害因素，避免人身伤亡和财产损失，从而保障生产人员的安全与健康，使设备和设施免受损失，环境免遭破坏、生产经营活动能够顺利进行的状态。[①] 目前我国以减少事故死亡人数为重点对全国生产安全状况进行评价，把十万人死亡率和道路交通万车死亡率以及煤矿百万吨死亡率作为衡量生产状况好坏的标准。经过不断发展，我国生产安全监管体系不断完善，为人民的生产生活提供了切实的安全保障。目前我国城市建设不断发展，信息化、工业化和现代化进程加速，安全生产成为城市发展的重要条件之一，因为在社会快速发展时期各类安全事故多发、易发，各行各业的安全生产压力较大。不安全的生产活动给人民的生命财产带来巨大威胁，因此我们必须对城市生产安全给予足够的重视。

从宏观层面看，城市安全生产事故发生的原因可以归结为物的因素、人的因素以及人与物相互作用的因素。[②] 大部分城市安全生产事故的发生都与人有关，即使有物的因素，也多因人为错误操作而产生。[③] 城市安全生产

① 姜雅婷：《安全生产目标考核制度的治理效果研究》，兰州大学，硕士学位论文，2018。

② 李萌、彭启民：《中国城市安全评论》，金城出版社，2014，第 41 页。

③ 谷叶：《心理因素对安全生产的影响及对策研究》，载《中国心理卫生协会第六届学术研讨会暨第二届全国心理咨询师大会论文集》，中国心理卫生协会，2011，第 110～111 页。

问题主要集中在以下方面。

首先，城市管理部门对安全生产的重要性认识不到位，安全生产工作搞形式、走过场，隐患排查不彻底，整改措施不到位；安全生产主体责任落实不到位，企业缺乏安全生产法治观念，应付安全生产工作；城市建设中缺乏安全生产的专业管理人才，无法提供及时专业的安全生产指导，导致安全生产事故时有发生。①

其次，城市安全生产监管漏洞较多，安全生产管理制度执行程度不高，尤其是对“九小行业”（小商店、小化工厂、小塑料厂、小网套厂、小纸箱厂、小旅馆、小网吧、小机械加工厂、小危化气体零售和使用单位）以及违章建筑、违法施工、易燃易爆危险品的监管不够彻底。发生在北京大兴区的“4·25火灾”就是鲜活的例证。“4·25火灾”事后查明，发生火灾的四层楼房缺乏基本的消防安全设计，没有通风口和消防通道，楼道狭窄，按照规定算违规建筑。消防部门曾对这栋楼进行检查并勒令业主整改，但业主并未完全做出整改，最终酿成惨剧②。

最后，我国部分城市的现行安全生产管理制度缺乏可操作性，有些制度无法落到实处。我国城市中的各行各业生产环节多，政府难以对生产环节的细节进行统一规定，一些安全生产管理制度只谈原则，没有提出具体方法。此外我国很多城市的一些基础设施已陈旧，如果使用这样的基础设施，安全生产事故发生的概率将大大增加。

因此，我们应提高对安全生产的重视程度，若要降低安全生产事故的发生概率，将损失最小化，预防才是关键。③ 首先，政府要加强对安全生产的监督管理、落实各种防范措施消除潜在安全隐患。好的预防措施可使城市生产安全建设工作事半功倍。其次，企业要加强安全文化宣传，从思想上提高员工对安全生产的重视程度，提高作业人员安全生产的自觉性，只有将“安全无小事”落到实处，才能从根本上防止安全生产事故的发生。例如，促进工会与专业组织、社区组织以及政府相关部门的合作，提高从业人员的安全生产法律意识，普及职业健康知识、安全生产规范知识，降低在工作场所出现安全生产事故的可能性。最后，要提高安全生产科技水

① 李萌、彭启民：《中国城市安全评论》，金城出版社，2014，第49页。

② 《安委办、公安部分别通报北京大兴“4·25”火灾事故》，中国政府网，http：//www.gov.cn/gzdt/2011－05/11/content_1861906.htm.，最后访问日期：2019年1月5日。

③ 李萌、彭启民：《中国城市安全评论》，金城出版社，2014，第49页。

平，城市生产安全状况彻底好转的根本在于提高安全生产的科学技术水平，加大人才培养力度，积极研发先进技术装备、建立安全科技支撑体系[①]，满足人民安全生产的发展需要。

二 交通安全

交通是城市的基本功能，对我们的生活有着重要影响。城市交通是城市发展的重要条件，现代城市的兴起在很大程度上依赖于交通的发展。[②] 但现代交通不仅给我们带来便利，而且给我们带来了不可忽视的负面影响。全球因交通事故死亡的人数逐年递增，目前交通事故已成为人类死亡的原因之一。世界卫生组织在 2010 年发布的《道路安全全球现状报告》中指出，全球每年有 127 万人死于交通事故，有 5000 万人因交通事故受到伤害，这相当于全球五个最大城市的人口总和。[③] 如此严重的后果，令人心痛不已。我国是经济大国、人口大国，经济的快速增长，使我国城市迅速发展，车辆增多使交通拥挤、空气污染严重，不仅影响人民的生活质量，而且威胁人民的生命健康，可见，交通安全已然成为城市生活中不可忽视的公共安全之一。

既然城市交通安全如此重要，那么什么是城市交通安全？城市交通安全与其他交通安全相比有什么不同？本书所说的城市交通安全即城市道路交通安全，是指城市道路交通运行正常，对人不产生危害、不导致危险、不发生交通事故的状态。[④] 通俗地讲，城市道路交通安全的目标在于预防和减少道路交通事故的发生。城市道路交通由三个方面组成：城市道路交通基础设施、使用交通工具的人以及交通工具，城市道路交通安全与这三个因素相互作用的结果息息相关。[⑤]

城市道路交通基础设施包括铁路轨道、高速公路等道路设施，城市道路交通基础设施的好坏在一定程度上影响人们出行的安全，因此城市道路

① 李雪峰：《中国特色公共安全之路》，国家行政学院出版社，2018，第 67 页。

② 李萌、彭启民：《中国城市安全评论》，金城出版社，2014，第 84 页。

③ 吴鹏森：《公共安全的理论与应用——改革开放以来我国公共安全研究综述》，中国人民公安大学出版社，2014，第 167 页。

④ 李萌、彭启民：《中国城市安全评论》，金城出版社，2014，第 88 页。

⑤ 刘茂、王振著《城市公共安全学——原理与分析》，北京大学出版社，2013，第 262 页。

交通基础设施的质量对城市交通安全至关重要。但近年来，我国城市道路交通基础设施建设的问题时常发生，据报道，重庆、兰州等多个城市曾接连出现多起路面塌陷事件，哈尔滨甚至在短短 20 天内发生 9 起路面塌陷事故，造成 2 死 2 伤的悲剧。[①] 诸多路面塌陷事故为我们的城市道路交通安全敲响警钟，政府对城市道路交通基础设施安全的监管迫在眉睫。

除了公路，城市中还建有多条铁路，一旦在城内发生铁路交通事故，将造成断电、爆炸等重大事故，甚至会出现人员伤亡。"7・23 甬温线事故"是较为典型的城市道路交通安全事故。"7・23 甬温线事故"中共有六节动车车厢脱轨，造成直接经济损失 19371.65 万元。[②] 这次事故为我们敲响了城市铁路交通安全的警钟，在科技高速发展的今天，城市道路交通基础设施的建设不仅应包括看得见的道路交通建设，而且应该加强人员管理与设备维修。政府除了要加大对城市道路交通基础设施建设的投入，还要重视城市道路规划与建设的科学性问题，相关部门应合理规划和改造路网并加强调度管理，避免重大安全事故的发生，同时加强道路交通的软件建设，加大监督检查力度。做好处理突发重大事件的应急准备，提高检修人员的业务能力。确保高铁、动车等交通工具的安全运行，从根本上杜绝此类事故的发生。

城市交通安全也受使用交通工具的人的影响。人具有很强的主观能动性。凭借主观能动性，人们在生活中不断地发明创造新事物，追求生活的价值与品质。可主观能动性在给我们带来诸多好处的同时也带来很多麻烦。在造成城市交通安全事故的人为因素中，酒驾、醉驾问题颇为严重。嗜酒之人开车上路，无异于"马路杀手"，一旦出现事故，轻则伤财、重则害命。但这些人往往过于相信的自己的能力，认为自己车技高超，即使喝点酒开车上路也不会发生事故。可事实确实如此吗？2008 年世界卫生组织的事故调查显示，50% ~60% 的交通事故与酒后驾驶有关，酒后驾驶已经被列为车祸致死的主要原因。[③] 在中国，每年由于酒后驾驶引发的交通事故达数万起；而致人死亡的交通事故中 50% 以上都与酒后驾驶有关，酒后驾驶的

---

① 《哈尔滨 20 天发生 9 次地面塌陷》，搜狐网，http：//news.sohu.com/20120831/n351996132.shtml，最后访问日期：2019 年 1 月 5 日。

② 和平、于燕华：《中外媒体灾难报道比较研究——以温州 7・23 动车追尾事故新闻报道为例》，《现代商贸工业》2019 年第 10 期，第 120 页。

③ 卓夏岚：《论酒后驾车的法律防治》，华南理工大学，硕士学位论文，2010。

危害触目惊心，已经成为引起交通事故的重要原因。[①] 各个国家对酒驾都十分重视，我国针对酒驾上也出台了相关认定标准，即如果驾驶人血液中的酒精含量大于或等于20毫克/100毫升、小于80毫克/100毫升为饮酒驾车；如果驾驶人血液中的酒精含量大于或者等于80毫克/100毫升为醉酒驾车。[②]《道路交通安全法》中第九十一条规定，饮酒后或者醉酒驾驶机动车发生重大交通事故，构成犯罪的，依法追究刑事责任，并由公安机关交通管理部门吊销机动车驾驶证，终生不得重新取得机动车驾驶证。[③]

酒驾为何如此可怕？这是因为喝酒时酒精的刺激使人兴奋，人在不知不觉中就会喝多，当酒精在人体血液内达到一定浓度时，人的反应能力及控制能力就会下降，处理紧急情况的能力也随之下降。[④] 对于酒后驾驶者而言，其血液中酒精含量越高，发生撞车等事故的概率越大。因此我们必须正视酒驾、醉驾问题，“喝酒不开车，开车不喝酒”不应该只是嘴上的一句空话，而应该成为我们身体力行的准则。除了酒驾以外，疲劳驾驶、超速行驶、肇事逃逸、违规行驶等都是导致交通事故多发的重要原因，作为驾驶员，我们一定要遵守交通法律法规，不违规驾驶、礼让行人、不超速、不酒驾，争做安全驾驶卫士。作为行人，我们一定要时刻注意自己的人身安全，不翻护栏、不乱闯红绿灯、文明乘车，从小事做起，从身边事做起。

交通工具质量也是影响城市交通安全的因素之一。在长期使用的过程中，机动车因性能不佳、机件失灵或零件损坏，易引发交通事故。虽然交通、公安等部门分别建立了一系列有关汽车性能检测、监控的指标与规定，但由于执行监管不到位，在一些城市中不符合标准、安全状况较差以及报废的车辆仍然在路上行驶，同时违法改装、超限行驶等都可能引发交通事故。

城市交通安全管理涉及人、车、路、环境四个方面，是个系统性工程，四个方面缺一不可。[⑤] 政府只有综合管理，才能确保城市交通的安全。这不仅是科技管理问题也是社会治理问题。城市交通安全中人的因素占很大比

① 卓夏岚：《论酒后驾车的法律防治》，华南理工大学，硕士学位论文，2010。

② 《中华人民共和国道路交通安全法实施条例》，中国政府网，http://www.gov.cn/banshi/2005-08/23/content_25579.htm，最后访问日期：2019年1月5日。

③ 周兰领：《吊销机动车驾驶证的法律适用》，《人民司法》2014年第15期，第67页。

④ 程翔：《论危险驾驶行为的刑法规制》，西南政法大学，硕士学位论文，2010。

⑤ 李萌、彭启民：《中国城市安全评论》，金城出版社，2014，第108页。

重，道路使用者素质的不断提高，有助于提高人们对城市交通安全的重视程度。无论作为驾驶者、生产者还是监管者，我们只有在各自的岗位上尽心尽力，做好自己的工作，履行相应的职责，将安全责任落到实处，才能切实保障城市交通安全。

第三节　城市社会治安

人是社会的子单元，是社会中最活跃的因素，如果人在社会中制造麻烦，就会不断威胁社会治安。我国城市的社会治安一直是社会各界关注的焦点之一，按照安全的主体和对城市的影响力进行划分，城市社会治安主要涉及群体性事件、青少年违法犯罪问题、有组织犯罪问题。

一　群体性事件

群体性事件是指在经济转轨和社会转型期间，由各种社会矛盾引发的集体上访、围堵党政机关、堵塞交通、局部范围的罢工、罢市、罢课，甚至集体械斗等非法集体活动。[①] 公安部对群体性事件也有具体的定义，即“聚众共同实施的违反国家法律、法规、规章，扰乱社会秩序，危害公共安全，侵犯公民人身安全和公私财产安全的行为”。[②] 据统计，1994～2004 年，我国群体性事件数量由 1 万起增加到 7.4 万多起，涉及人数由约 73 万人增加到约 307 万人。[③] 此外我国城市群体性事件多样又复杂，产生的影响较为广泛。

城市群体性事件往往是由某一具体事件所引发的并迅速扩大升级的事件，共同利益和情绪感染使参与事件的群体人数不断增多。[④] 群体的力量不容小觑，城市人口密集，一旦发生群体性事件，波及范围将很大，传播速度也很快，会对社会造成很大负面影响，因为在群体性事件中涉事人员做出一些冲动行为，使相关者的生命财产安全受到威胁。如果不谨慎处理，

① 叶笃初等编《党的建设辞典》，中共中央党校出版社，2009，第 398 页。

② 中华人民共和国公安部：《公安机关处置群体性治安事件规定》，公通字〔2008〕56 号，2008。

③ 胡联合、胡鞍钢等著《当代中国社会稳定问题报告》，红旗出版社，2009，第 139 页。

④ 胡仕林：《群体性事件发生学研究》，中国社会科学出版社，2018，第 180 页。

群体性事件将会直接影响社会的正常运转，影响市民的生产生活。尽管群体性事件的外在表现形式有某种对抗性的意味，甚至表现出一定的组织性，但就其本质而言，群体性事件仍属于人民内部矛盾；从形式上看群体性事件分为重大群体性上访性事件、公共场所滋事事件等。①

群体性事件产生的主要原因可概括为以下几点：首先，我国处于经济转轨和社会转型时期，一些群体的原有利益格局被打破，经济利益的冲突加剧，传统的社会价值观念受到强烈冲击，致使各类社会矛盾激化，一些人受到利益驱使，无视法律道德，以不正当手段从事非法活动谋取不义之财、危害百姓，导致整个社会处于相对不稳定的状态。② 其次，应对不当使事件扩大化。预警机制的缺失③使有关部门丧失了对群体性事件处置的主动权，无法及时全面地分析舆情信息、不理解群众情绪。再次，早期处置不当是导致群体性事件发酵的关键因素。最后，社会保障机制不健全，城市化进程加速，城市流动人口的就业安置问题突出，一段时期的经济不景气可能导致相当一部分人下岗失业，在社会保障机制不健全的情况下一些小问题就会成为社会性问题，如果处理不当很容易引发群体性事件。

温家宝总理在指导工作中曾指出："有些地方发生的损害群众利益问题，甚至群体性事件，很多与政府部门及其工作人员不依法办事、不按政策办事有关。"④ 因此在处理群体性事件时，政府部门应率先发力，着手建立健全群体性事件的处置机制，加强事前预警机制建设，做好舆情收集工作，排查矛盾分析舆论情况，多渠道、立体式、全方位地对涉事群体进行宣传和疏导；完善早期化解机制，理清职责，综合协调各职能部门，迅速对事件性质等做出准确分析，建立良好的沟通机制，及时出面解决群体间的矛盾；提高应急处理能力和善后处理能力，慎用警力，防止事件扩大化，认真善后，进行跟踪调查，防止事件反复发生。⑤ 人民群众作为城市的一分子，在维护自己合法利益的同时也应该考虑社会的公共安全，不能因为一己私利就为所欲为，对城市和其他群众造成伤害。同时群众应该主动增强

---

① 朱正威、肖群鹰：《中国公共安全评论》（第一卷），金城出版社，2016，第 275 页。

② 胡仕林：《群体性事件发生学研究》，中国社会科学出版社，2018，第 176 页。

③ 周慧：《城市安全：中国城市运行安全问题的制度性根源》，中共中央党校出版社，2014，第 103 页。

④ 《人民时评——社会稳定，每个部门都是"减压阀"》，人民网，http：//edu. people. com. cn/GB/9976240. html，最后访问日期：2019 年 1 月 5 日。

⑤ 李萌、彭启民：《中国城市安全评论》，金城出版社，2014，第 161 页。

法律意识，通过法律途径合理表达诉求。简言之，如何处置和应对群体性事件是城市社会治理的必修课。这是一个庞大的系统工程，相关责任部门、辅助部门必须承担分内责任，认真对待，切实维护城市社会稳定。

二　青少年违法犯罪问题

近年来，城市青少年违法犯罪问题越来越突出，对城市的社会治安产生重要影响，逐渐引起社会的重视。青少年违法犯罪的原因除了受社会大环境的影响外，还与青少年自身存在的生理、心理问题以及我国人口年龄结构总体上偏年轻的客观情况等息息相关，这些因素使我国青少年违法犯罪案例数在整个刑事犯罪案件总数中所占的比率较高。[①]

我国城市青少年违法犯罪逐渐呈现以下新特点。

第一，青少年违法犯罪情况复杂，多以结伙作案为主。青少年时期是一个人世界观、价值观、人生观的形成时期，在这段时期，青少年的心理承压能力弱，单独作案总觉势单力薄，因此多集合他人，共同犯罪。此外，他们在相互壮胆的同时分工合作，可提高作案的成功概率。在相关报道中，此类结伙作案的案件屡见不鲜。

第二，青少年违法犯罪出现低龄化、智能化倾向。[②] 在城市青少年违法犯罪案件中，青少年的犯罪手段逐渐智能化，网络犯罪案件逐渐增多。少年黑客入侵某公司账号，盗取资金的案件层出不穷。据报道，北京市某刑侦单位曾处理过一起青少年网络盗窃案。犯罪嫌疑人为在校大学生，利用电脑技术制造病毒入侵某公司财务账户，盗取 40 余万元。此外，青少年犯罪年龄逐渐降低，13 岁、14 岁的青少年过失伤人、杀人的案件也逐渐增多，令人担忧。[③]

第三，青少年违法犯罪多带有突发性、偶发性、盲目性。青少年违法犯罪的目的较为单纯，随机作案概率大。他们社会经验不足，考虑问题不周全，极易因为小矛盾、小事情与他人爆发冲突，做出违法犯罪的事情。在青少年违法犯罪案件中，一些青少年因为与陌生人发生口角而大打出手，甚至失手伤人、杀人的案件并不少见，而且他们的作案工具多为现场任意

① 边政：《浅谈预防青少年违法犯罪的相关对策》，《教育教学论坛》2014 年第 3 期，第 178 页。

② 李萌、彭启民：《中国城市安全评论》，金城出版社，2014，第 164 页。

③ 吴扬炳、杨闽榆：《浅论低龄化犯罪现象》，《法制与社会》2020 年第 12 期，第 204～206 页。

捡拾的尖锐利器。

第四，在青少年违法犯罪案件中，严重违法犯罪行为较多，一些青少年在作案时不计后果，手段野蛮甚至凶残。青少年在青春期阶段，往往以自我为中心，做事不分轻重，容易走极端。如上海一名少女因管教问题与母亲发生争执，一怒之下将其母砍死，令人心痛不已。

第五，重新犯罪比例较大。通过对青少年犯罪嫌疑人改造情况的观察，一些青少年犯罪嫌疑人在接受改造后重复犯罪的比例较大。尤其随着城市发展不断加快，未成年外来务工人员逐渐增多，由收入不稳定所导致的抢劫案件的逐渐增多，对社会治安造成很大负面影响。部分青少年在接受改造后，若经济再无保障，又缺乏监管，再次犯罪的情况可能还会发生。而且青少年模仿能力强，在服刑期间容易“交叉感染”，学习更多犯罪技术并加以运用，而且胆子越来越大，犯罪恶劣程度也逐渐提高。

少年强则中国强。青少年是祖国的花朵，未来的希望。要想解决城市青少年违法犯罪问题就要三管齐下。在家庭中，父母应对青少年给予情感上的关怀，为其营造良好的生活环境；在学校中，学校对青少年要加强法治教育，严格控制校园欺凌案件的发展；在社会上，要提倡正义、正直的行为，为青少年树立榜样。总之各方力量要根据青少年的特点对其积极引导教育，让青少年成为正义、诚实的社会人。

三　有组织犯罪问题

有组织犯罪，被联合国定为“世界三大犯罪灾难”之一，对城市社会治安造成极大影响。我国的有组织犯罪历史可以追溯到明末清初的各种密门教派和帮派，20 世纪 30 年代以后帮会组织逐渐扩大，其中以青帮、红帮最为著名。新中国成立以后，我国政府始终坚持严厉打击有组织犯罪，从清匪反霸到打击黑恶势力，一直坚持维护社会治安的原则，让百姓活得放心、过得舒心。经过治理，旧社会以帮会为代表的黑帮大量减少，而后逐渐销声匿迹。

改革开放带来巨大变革，一时泥沙俱下，地方黑恶势力的滋生与境外黑恶势力的渗透，导致有组织犯罪死灰复燃[①]。目前城市有组织犯罪往往具

---

① 李萌、彭启民：《中国城市安全评论》，金城出版社，2014，第 170 页。

有较强的目的性和政治腐蚀性，犯罪组织不仅肆意欺诈百姓，而且威胁城市居民的生命财产安全。

有组织犯罪与经济发展密切相关。当经济快速发展时，需要大量社会经济资本、人力资本的支持，进而产生很大的利益空间。极少数黑恶势力往往会乘虚而入，通过非正当手段获得社会资本，抢占利益空间。他们欺行霸市，给城市公共安全、人民群众的正常经济生活带来巨大的影响。

城市为何会滋生有组织犯罪？首先，我国城市合法控制力量有待加强。在市场经济体制下，政府职能有待完善与转变，如果对城市的合法控制力量投入不足，就会给有组织犯罪分子可乘之机。其次，城市中的一些社会边缘人员为有组织犯罪的发生、发展提供了力量支持。一些缺乏生活保障的人员，面临巨大的生存压力，虽有想要快速改变自己生存状况的动机，但缺少通过合法竞争改善现状的基本条件或机会。[①] 一些道德和法治观念薄弱的人，在黑恶势力的诱导下更易参与有组织犯罪，成为被黑恶势力利用的对象。最后，我国现阶段团伙犯罪基数大是导致有组织犯罪迅速增加的直接原因。在城市有组织犯罪的活动中，犯罪组织成员往往披上合法的外衣，肆意妄为、藐视法律权威、践踏勤劳致富的社会价值、欺压良善，导致城市有组织犯罪活动层出不穷。

新中国成立以来，我国坚决打击有组织犯罪活动，有组织犯罪虽销声匿迹，但只要碰到合适的土壤，有组织犯罪就能够迅速“死灰复燃”。为了营造良好的社会氛围，创造舒适的生活环境，我们必须迎难而上与有组织犯罪做斗争。第一，进一步完善立法。对有组织犯罪做出更加准确的法律界定，坚决打击黑恶势力的保护伞；第二，防微杜渐，坚决贯彻“打早打小”专门政策的具体要求。在加强警力的同时，提高警察队伍的业务素养和个人素养，从严密法网、便利追诉和严厉制裁三个方面推进立法完善[②]；第三，打击手段要与时俱进[③]。部分有组织犯罪集团常常隐藏在貌似正常的社会活动、经济活动背后，他们反侦察能力较强，因此要灵活运用各种资源打击有组织犯罪活动，切实维护社会治安安全。

---

① 张博：《现阶段中国有组织犯罪发展趋势研究》，《山西警官高等专科学校学报》2013 年第 1 期，第 13 页。

② 张远煌：《中国有组织犯罪的发展现状及立法完善对策》，《法治研究》2012 年第 2 期，第 10 页。

③ 李萌、彭启民：《中国城市安全评论》，金城出版社，2014，第 176 页。

第四节 城市经济安全

人们常说："钱不是万能的，但没有钱是万万不能的。"可见经济对人类社会的发展多么重要。在现代社会中，城市的经济发展与个人的经济状况息息相关。人民群众是城市经济安全的利益相关者，因此，城市经济的安全尤为重要。城市经济安全是指经济活动在城市发展运行过程中，能够保持资源的有效供给，能够为居民提供稳定的社会经济生活环境。我国的城市经济安全主要由两部分构成，一是城市金融安全、二是城市能源安全，二者相互影响共同作用于我国城市的经济发展。

一 城市金融安全

在城市经济发展中，金融是城市经济发展的动脉，因此金融安全是城市经济安全发展的基本保障。"股市有风险，入市需谨慎。"这句话形象地说明了金融本身的高风险性质。若合理控制这种风险，金融就能够为城市发展提供巨大支持，但如果控制不好，就很容易产生金融危机，对城市的经济安全造成巨大影响。

城市金融安全是指在货币流通以及与信用相关的所有经济活动中货币资金融通的安全，简而言之就是钱的安全。[①] 城市经济发展快，拓展空间大，个体经济逐渐兴起。个体经济的资金来源除了正规的地方融资、银行贷款等，还包括民间借贷。一些地方融资平台由于操作程序不规范，使城市金融系统承受巨大的风险。在地方融资平台兴起之初，国家就积极控制，要求金融监管机构加强信贷管理，防止非法融资损害城市经济利益，威胁城市经济安全。经过治理，我国特大城市的地方融资平台风险积累势头基本得到控制，但民间借贷市场的金融风险依旧存在。此外，一些非法的民间借贷纠纷常常造成相关人员致死、致残的悲惨结局，2016 年的"辱母案"就是典型的例子。[②] 除此之外，非法"网贷""裸贷"事件也频频发生。例

① 李萌、彭启民：《中国城市安全评论》，金城出版社，2014，第 114 页。

② 李佳明：《高利贷若干问题——从"辱母案"说开去》，《法制与社会》2018 年第 7 期，第 57 页。

如，河南一高校大学生不幸被卷入非法“校园贷”，该女生面对催债，无奈跳楼轻生。[①] 这些残酷的事实告诫我们，为保障城市公共安全，金融安全的保障尤为重要。如今借贷案件已不再是单纯的经济纠纷案件，更多涉及刑事犯罪。一些借贷人因无力偿还债务而被迫远走他乡，一些小企业因资金链断裂而破产等案件也层出不穷。可见城市金融安全不仅影响城市经济安全，而且影响城市公共安全。

城市金融安全受到政府、金融机构、消费者、信息安全等多重因素的影响。[②] 具体而言，第一，政府方面可能存在增加金融风险的行为，如一些地方政府过度举债、不合理使用地方信贷资源等，同时地方政府缺乏对民间借贷的监管与整治。第二，金融机构存在管理不善、监管制度不健全等问题。一些金融机构所开展的业务广泛、客户多，因受到各种因素的影响，一些金融机构无法完全按照市场规律运行，资源配置效率低，从而积累了大量经济风险。第三，一些消费者缺乏基本的金融安全防范意识和法律知识，他们当中的一些人轻信高利贷，最终导致人财两空，同时，一些消费者的市场信用观念淡薄，无形中加大了市场的信用风险。第四，信息安全方面存在漏洞。城市金融的发展越来越依赖方便快捷的信息技术，但同时金融信息的泄露为城市金融安全带来巨大挑战。第五，投融资体制存在缺陷。一方面实体经济的不断发展需要大量稳定的资金支持，但在紧缩的货币政策下，一些中小企业难以通过正常渠道获得融资，易出现“灰色融资”的情况，这将有可能扰乱正常的金融运行秩序；另一方面，普通民众对民间融资和非法集资缺乏清晰的分辨能力，这就为许多不法分子提供了可乘之机。

那么如何才能保障城市的金融安全？首先，相关部门可以根据城市居民需求，积极开展金融安全宣传活动，增加宣传次数，提高广大居民的金融安全防范意识，向广大人民群众传授理财技巧等实用金融知识，预防金融诈骗案件发生，减少人民的财产损失。其次，倡导群众要利用法律手段合理处理债权债务问题，既维护了经济正常运行，又保护了居民生命财产安全。再次，要积极加强信用信息建设和信息安全保障，从根本上提高金融信息化的安全防护能力，不给违法犯罪分子留下一丝空隙，切实保障经

---

① 石瑾：《校园贷发展过程中存在的法律风险及对策分析》，《法制博览》2020 年第 12 期，第 192～193 页。

② 李萌、彭启民：《中国城市安全评论》，金城出版社，2014，第 132 页。

济信息资源的安全。最后，要加强法治建设，对金融犯罪分子严惩不贷，肃清违法案件，打消犯罪分子的犯罪意图，不断加强金融市场的法治建设，同时建立金融预警机制，防止金融危机的发生，合理利用有效资源防范金融危机，维护城市金融安全。

二 城市能源安全

城市人口规模大、工作种类多、能源消耗多，因此，城市地区对能源的需求远远大于其他地区。随着国家不断提高对能源储备、消耗管理、节能减排的要求，能源安全对城市的影响越来越大。资源短缺是我国大多数城市的共同特征，而工业化、城镇化的发展将使这些城市对能源的需求不断提高。[①] 当资源无法为城市发展提供有效供给的时候，我们应该密切关注能源安全并对能源进行保护。

哪些因素会影响城市能源安全？除体制因素外，资源条件、供应渠道、极端气候与自然灾害、能源利用效率、市场管理等也都不同程度地影响城市的能源供应。

第一，我国能源资源的地理分布极不均衡，北部煤炭资源丰富，西部石油天然气资源丰富，东部沿海则有建设较好的港口及发展核电的条件。[②] 城市所在的区位不同，所具有的资源条件也不同，可能会对该城市的能源供给结构产生较大影响。特别是在国际政治经济形势紧张，或国家能源供给出现问题的情况下，城市所拥有的资源条件将决定城市的能源安全形势。

第二，城市能源安全与能源供应渠道有关。这里所说的供应渠道是指能源资源开采出来后，供应到目标城市所采用的输送方式及所凭借的运输通道。能源供应渠道与一次能源品种类型、状态及产地相关。能源供应品种多元化、单类品种供给多源化及外部运输通道分散化是保障城市能源安全的基本条件。[③] 因可开发资源少、可再生能源开发成本高等限制，我国在相当长的时间内仍将煤炭、石油、天然气等常规能源作为供给城市的主要

---

① 魏保军：《影响巨大城市能源安全的因素分析》，载《多元与包容——2012 中国城市规划年会论文集》，中国城市规划学会，2012。

② 陈鸿燕：《上海能源安全危机管理研究》，华东师范大学，硕士学位论文，2008。

③ 魏保军：《影响巨大城市能源安全的因素分析》，载《多元与包容——2012 中国城市规划年会论文集》，中国城市规划学会，2012。

能源品种。因为，城市能源需求量大，且不同行业或工业品生产对能源品种的需求不同，比如，炼钢需要煤炭与电力资源，石化需要石油与电力资源，交通运输需要石油制品或天然气资源等。虽然不同能源品种之间可以相互替代，但这种替代一般局限在一定范围内。因此单一或少数能源品种不能满足城市各产业、各行业的能源需求。另外，一个城市如果过多依赖一种能源品种，当此类能源资源短缺或运输通道出现问题时，该城市的能源供给势必会受很大影响，可见能源品种的多元化供给对保障城市能源安全十分必要。此外，单类能源品种的供应出现问题，也会给城市能源安全带来影响。比如，大面积油荒、煤荒等。因此，保障单类品种能源的多源化供给也十分重要。

第三，在市场经济条件下，市场是决定能源资源优化配置的关键因素。无论城市本身的资源保有量状况如何，要想确保本地能源安全，就离不开市场的调节。一些城市由于能源需求量大，加上在区域中的政治地位显著、经济条件优越，在国内能源市场竞争中一般处于有利位置。但应该看到，能源市场不仅有国内市场，而且有国际市场。一方面，我国石油对外依存度已超过50%，天然气进口量也在逐年增加，我国能源消费已离不开国际市场。[①] 相对于发达国家，我国的综合国力还有待进一步提升，因此我国在国际能源市场中的竞争力也有待加强。另一方面，我国国内各类能源品种的价格受国际能源市场价格的影响，近几年，国际能源市场中的煤炭、石油、天然气价格都有较大幅度的变化，对我国经济发展也有一定的影响。[②] 城市能源管理部门与能源供应企业，应充分利用市场规则及法律政策，以能源期货市场为突破口，建立长期信任的供应关系，最好形成有长期合约保障的各类能源供应关系，保证城市能源获得有效、可靠、安全的供给。

第四，极端气候与自然灾害对能源供应也有影响。一是极端气候与自然灾害会使能源在生产或运输环节上出现问题，造成一次能源生产量减少，或运输通道受阻，使能源不能及时送达城市；二是极端气候和自然灾害可能使城市的能源需求量激增，正常的能源供应不能满足特殊时期的需求，在能源储备不足或储备不能及时投放情况下，会出现短时的能源短缺现象。

---

① 尹嘉慧：《能源消费结构对我国能源安全影响力研究》，天津商业大学，硕士学位论文，2014。

② 尹嘉慧：《能源消费结构对我国能源安全影响力研究》，天津商业大学，硕士学位论文，2014。

第五，城市能源资源缺乏，环境容量有限，难以承受因能源需求增长而带来的环境污染。

第六，城市能源系统运行复杂。要保证能源持续稳定的供应，保证能源系统高效、安全地运行，就离不开政府的引导与管理。

总之，城市能源安全是城市公共安全中的重要部分。确保城市的能源安全，应从供应与需求两个方面考虑。在供应方面，应充分利用本地能源，积极引进外部能源，实现煤炭、石油、天然气、电力等能源资源的多元供应，保障资源供给充足[①]；建设高效、稳定的城市能源输配系统，保障能源供应及时便捷。在需求方面，应加强能源节约，努力提高能源利用效率，尽力减少能源需求总量，有效保障能源的安全使用。

第五节　城市信息安全

随着全球信息化的深入发展和持续推进，拥有海量信息的互联网因其开放性、传播即时性等特点为人们的生产生活提供了巨大便利，而城市作为人口、产业、资源经济最为集中的场所，无时无刻不与信息发生关系，因此，城市的信息安全就显得十分重要。“信息安全是指保障国家、机构、个人的信息空间、信息载体和信息资源不受来自内外各种形式的威胁、侵害和误导的外在状态和方式以及内在主体感受”。[②] 信息安全在宏观上主要包括以下几个领域：物理安全领域、信息安全结构和模式领域、应用和系统开发领域、通信和网络安全领域、访问控制领域、密码学领域、安全管理实践领域、操作安全领域、法律侦察和道德规划领域[③]；在微观上主要包括信息主权的博弈、防范各类信息的犯罪、各类信息攻防的技术等。当前影响我国城市信息安全的主要有个人信息泄露及网络恐怖主义。

一　个人信息泄露

从 20 世纪 90 年代互联网初入我国时给人们带来的新奇与震撼，到现在

① 赵仕玲：《能源法立法研究》，中国地质大学（北京），硕士学位论文，2008。
② 上海信息安全研究院：《信息安全辞典》，上海辞书出版社，2013。
③ 王世伟：《论信息安全、网络安全、网络空间安全》，《中国图书馆学报》2015 年第 3 期。

日常生活中方便的网上购物、移动支付、网络招聘等，人们的生活仿佛已经离不开不断发展的、更为智能的网络，但不可否认的是，网络在给我们带来便利的同时也带来了不少安全隐患，互联网把用户的位置信息、通信记录、征信记录、交易记录等收集、存储起来，这就使我们的个人信息有被泄露的风险。2013 年 6 月，曾任美国中央情报局技术分析员的斯诺登将美国国家安全局自 2007 年起开始实施的绝密电子监听项目（棱镜计划）曝光。[①] 该项目的曝光无疑在信息安全领域引发轩然大波，并引起全世界对信息安全这一非传统公共安全的重视。

“所谓个人信息泄露是指个人信息非出于个人信息主体授权或依法有权公开个人信息的机关或组织的许可，却被非法公开、出售或使用因而处于流通中的不法状态”。[②] 现如今，一些不法分子通过各个网站、利用各种方式都可能获取我们的个人信息，除一些招聘网站、售票网站可能出现个人信息泄露的情况外，快递企业网站也是个人信息泄露的“重灾区”。

一些快递公司的网站因存在技术漏洞遭到黑客入侵，大量用户的个人信息惨遭泄露并在网络上被大肆转卖。这些被出售的信息除了快递单号外，还详细记录着收货人和发货人双方的姓名、手机号、住宅地址等个人信息，售价一般为 1 元/条，若大量购买，可优惠至 0.8 元/条，购买量大时甚至可以低至 0.3 元/条。[③] 根据警方调查，这些个人信息是因黑客利用快递公司的网站技术漏洞侵入网站后台，恶意窃取网站数据库的访问权限，进而获得了大部分用户信息。[④]

更加严重的是，个人信息的泄露与买卖已然形成了一条“灰色利益链”，据公安部统计及推测，“截至 2018 年，我国网络非法从业人员已超过 150 万人，相关产业市场规模已达到千亿元级别”。[⑤] 一些不法分子以违法的方式贩卖、泄露个人信息，是因为部分人想要借个人信息牟利，这些人在购买了大量的个人信息后，通过分析各类用户的个人信息向这些用户推送

---

① 于世梁：《由“棱镜”计划反思我国信息网络安全》，《湖北行政学院学报》2013 年第 5 期。

② 张小鸥：《论个人信息泄露的防治》，河北大学，硕士学位论文，2013。

③ 戚继元、何铭强：《大数据时代电商物流个人信息安全防范对策研究》，《企业文化》2015 年第 10 期。

④ 《快递官网漏洞泄露 1400 万用户信息》，开源中国，https://www.oschina.net/news/54383/express-website，最后访问日期：2019 年 5 月 26 日。

⑤ 《个人信息泄露在如今到底有多严重》，搜狐网，https://www.sohu.com/a/230559694_115224，最后访问日期：2019 年 5 月 26 日。

广告邮件或营销短信，甚至对其进行网络电信诈骗，由此获得更多的非法利益，如某小学辅导机构负责人通过网络，以每条 0.03 元的价格非法购买到 20 多所小学学生家长的电话号码，通过批量发送短信的方式推销自己的辅导机构，并进行恶意推销等，非法获利 60 万元。

因个人信息泄露而威胁公共信息安全的事件在当今社会并不鲜见，这些案件的曝光在令人震惊的同时也反映出公共信息安全的脆弱性，那么为什么个人信息泄露的情况如此严重、数量如此巨大，甚至到了被明码标价肆意出售的地步了呢？究其原因，有以下四点。

首先，网络技术存在漏洞。一些黑客以网络病毒等方式通过网站技术漏洞对用户的个人信息进行窃取、售卖，以牟取暴利。

其次，部分网络用户保护个人信息的意识不足也是导致个人信息泄露的另一原因。一些人在日常生活中忽视了个人信息的重要性，在日常网络购物、网上应聘、其他涉及填写、录入个人信息的场合以及在网吧等地使用公共网络后疏于对个人信息的保护。此外，一些人对各种伪装成正规网站或诱骗公众点击的"扫码领红包"等钓鱼网站、木马病毒也缺乏防范意识。与此同时，部分网络用户在微博等社交网站分享个人生活时往往有泄露其个人信息的可能。可见，个人信息的泄露严重影响着我们的日常生活，小到骚扰电话、垃圾短信，大到网络诈骗，都使我们的生活和工作不堪其扰，甚至会威胁到我们的人身安全。

再次，部分电商、快递企业等也存在对用户的个人信息保护程度不够、管理不足等问题。不少互联网企业也缺乏保护用户信息的意识，而且在这一方面投入的精力和资金较少。此外，部分企业的多个部门，如技术、市场及客服部门的大多数员工能都接触到用户的个人信息，一些居心不良的人便会选择从工作人员入手，诱导他们为自己提供帮助，实施不法行为，导致用户的利益受损。

最后，关于惩治个人信息泄露犯罪的专项法律法规有待完善。目前，针对网络信息安全，我国的确已经制定了一部分法律法规，如《消费者权益保护法》《网络安全法》等法律法规首先明确了信息安全犯罪的责任主体、犯罪要件等。[①] 2009 年我国《刑法》也将非法买卖和获取个人信息列

① 《聚焦个人信息泄露：黑色交易猖獗，紧盯百姓钱包》，中国日报网，http://cnews.chinadaily.com.cn/2018-01/12/content_35491855.htm，最后访问日期：2019 年 5 月 26 日。

为刑事犯罪的新类型，并制定了相应的惩处标准。[①] 但总体上讲，现有的相关法律法规还不能满足依法维护信息安全和管理信息网络的需要，执法和处罚的力度也需进一步加大。

所以，要想保证公共信息安全、对泄露个人信息的违法犯罪行为进行治理就要严厉打击盗取、贩卖个人信息的不法分子。例如，有关部门要对倒卖个人信息的违法犯罪行为给予“重拳打击”，从根源上斩断贩卖个人信息的“灰色利益链”[②]；各电商平台也要加强行业自律，加强对本平台用户个人信息安全的监管，禁止商家售卖个人信息；各网络用户也要提高对个人信息的保护意识，做到不随意丢弃快递单等带有个人信息的物品、不随意点击带有诱导性的网站链接、在社交网站上尽量不暴露个人信息等，不给不法分子留下可乘之机。

除此之外，加强技术维护及网站管理也是保障个人信息安全的另一重要手段。相关企业网站要加强网站安全管理，加大在技术方面的人力与资金的投入，及时修补网站漏洞、升级防火墙，防止黑客入侵；相关部门应重视对网络环境的治理和信息系统安全运行的监管，加强对信息安全工作的宏观指导，在具体实践中设置专门的监管执行机构和网络信息安全保障机构，同时还要加强立法及相关规范、标准的制定。除制定具有管理性的法律法规外，还应制定促进信息产业健康发展的法律法规、促进网络信息企业的行业自律以及构建信息网络安全保障体系。[③]

二 网络恐怖主义

除个人信息泄露外，另一影响城市信息安全的便是网络恐怖主义。网络恐怖主义的概念和范围并不是一成不变的，随着网络时代的发展以及网络恐怖活动的变化，网络恐怖主义有了不同的表现形式及定义。在现阶段，所谓网络恐怖主义是指“由特定组织或个人在网络上实施有预谋的软暴力攻击行为和威胁行为，他们利用网络、计算机程序制造恐怖气氛，损害社

---

① 《企业网站频现安全漏洞，信息泄露何时休》，搜狐网，http://www.sohu.com/a/259965976_100293626，最后访问日期：2019 年 5 月 26 日。

② 《整治骚扰电话须重拳斩断其利益链运营商应避免变“帮凶”》，河南日报网，https://www.henandaily.cn/content/2019/0604/168811.html，最后访问日期：2019 年 5 月 26 日。

③ 张洁：《论信息伦理建设》，华东师范大学，硕士学位论文，2005。

会和相关政府、国家的利益，引发群众恐慌心理、造成财产损失甚至人员伤亡，且这些网络恐怖主义活动往往带有一定的政治目的”。[①] 一般来说网络恐怖主义有以下几种表现类型：①编制、散布虚假恐怖活动信息，制造恐慌氛围；②以网络为媒介散播暴恐音频、视频，宣扬极端宗教思想和恐怖主义理念；③在恐怖活动中作为组织平台，协调恐怖组织内部活动；④在网络上招募恐怖组织成员、募集恐怖活动资金；⑤进行恐怖活动的煽动宣传，在网络上煽动他人进行暴恐行为。[②] 其中，尤以进行恐怖活动的煽动宣传影响最为恶劣。部分居心叵测的个人或组织在网络上进行的恐怖活动都与这种恶劣的煽动宣传有关。一些暴恐分子借助网络、短信等媒介，对寻常的治安事件大做文章、混淆是非，发表针对特定事件的不良言论，歪曲事实，蛊惑人心，进而达到宣传恐怖活动的目的[③]，这不仅会造成人身伤亡、财产损失，而且使国家安全受到威胁。

一般来说，我国网络恐怖主义犯罪产生的原因有以下两点[④]：首先，互联网本身具有开放性、普及性等特征，传统恐怖主义犯罪分子可利用网络策划、组织和施行恐怖主义行动；其次，在现实中，恐怖主义犯罪分子与政府在武装力量方面存在较大差距，而虚拟的网络空间弱化了恐怖主义犯罪分子与我国反恐人员之间的实力差距。[⑤] 在网络中，恐怖主义犯罪分子虽不与我国反恐人员进行正面、直接的较量，但能够造成与在现实中实施恐怖主义犯罪相同或者更甚的后果。面对影响如此恶劣的网络恐怖主义，我们又该如何应对呢？

打击网络恐怖主义应从技术、管理和立法三个方面同步进行。首先，要加强网络安全方面的硬件和软件研发力度，开发完善防火墙、数据密码等网络信息安全产品，同时要加强对涉嫌恐怖主义活动的人员与境外组织的网络通信监控、涉恐网络资金流动监管等。其次，应成立专门的网络恐怖主义防控机构并制定能够让社会公众都参与的全面防控网络恐怖主义的对策，例如对举报非法持有宣扬恐怖主义、极端主义、民族分裂主义的音

---

① 刘优良：《网络恐怖主义对公共信息安全的挑战与对策》，《湖南大学学报》（社会科学版）2017 年第 1 期。

② 于志刚、郭旨龙：《网络恐怖活动犯罪与中国法律应对——基于 100 个随机案例的分析和思考》，《河南大学学报》（社会科学版）2015 年第 1 期。

③ 毛磊：《恐怖主义威胁与中国的反恐政策》，复旦大学，硕士学位论文，2006。

④ 舒洪水、王刚：《对我国网络恐怖主义犯罪的探讨》，《山东警察学院学报》2016 年第 1 期。

⑤ 舒洪水、王刚：《对我国网络恐怖主义犯罪的探讨》，《山东警察学院学报》2016 年第 1 期。

频、视频的人员进行奖励。最后，要继续加强立法，明确网络恐怖主义组织和个人的司法认定程序、惩罚量刑及相关规则，从法律层面对其进行惩罚和约束。[①]

综上，维护信息安全事关人民生命财产安全和国家安全，大到国家、政府，小到组织、个人，都该为维护信息安全做一些力所能及的事，如上网时提高警惕、不随便点击带有诱导性质的链接等，创造出一个清朗的网络环境，使信息安全少受或不受威胁。

第六节　城市文化安全

“文化安全是指国家防止异质文化对本民族文化生活渗透和侵蚀，保护本国人民的价值观、行为方式、社会制度不被重塑和同化的安全”。[②] 当前全球经济和文化的竞争越来越激烈，非传统安全领域的文化安全已然成为公共安全建设中不可忽视的一环，而城市是各类文化、时尚创意、社会思想汇集与交锋之地，也是人类文明的孕育之地与现实载体，因此在强调文化安全问题时要格外重视城市层面的文化安全。

一　城市文化安全面临的主要问题

城市文化安全内涵丰富，是国家文化安全的重要组成部分。“城市文化安全由意识形态安全、传统文化安全、语言文字安全、文化产业安全、网络信息安全、科技文化交流安全、教育文化安全、宗教文化安全等内容构成”。[③] 目前，我国的城市文化安全问题主要表现在以下两个方面。

（一）城市文化遗产的破坏和城市文化个性的缺失

维护国家文化安全，就是维护国家的历史传统和文化、维护国内民族独特的文化价值与文化精神。其中，保护一个国家、民族的历史文化和一个地区、一座城市的文化遗产显得尤为重要，但在城镇化快速推进的过程

① 舒洪水、王刚：《对我国网络恐怖主义犯罪的探讨》，《山东警察学院学报》2016 年第 1 期。

② 张守富、朱彦振：《经济全球化与中国三大安全》，《党政干部论坛》2002 年第 10 期。

③ 涂成林：《网络化时代城市文化安全机制的建构》，《广州大学学报》2014 年第 8 期。

中，城市快速开发与传统文化保护之间出现了一些矛盾。

一方面，一些属于文化遗产的建筑总是在为城市开发和经济发展让路，近几年，城市文化遗产被“开发性破坏”的事件层出不穷，这导致城市与其自身历史、文化传统之间的契合度下降，城市的历史文脉、文化风貌及文化传承都面临严重危机。[①]

另一方面，一些城市管理者在城市建设中片面追求城市景观与城市整体特色的现代化、一体化，而忽视能够体现城市传统文化及城市自身独特性的城市文化符号，设计和建造出的建筑物盲目追求“洋气”，这种“城市文化自信”的缺失可能导致城市发展脱离本土的文化价值体系，其文化传统性、文化独特性和文化自主性都在不同程度上被弱化。

同时，“城市的独特性不仅仅意味着城市景观、城市风貌的独特，而且包含城市风格、城市品质的不可复制性”。[②] 一个城市真正不可被复制的是其历史和传统文脉，是人们对城市的记忆和情感，但现在除了外来文化对原有城市文化的冲击之外，城市自身还面临“千城一面”的发展困境。例如我国一些城市反映“城市精神”的表述语大多采用“和谐、魅力、大气、创新”等普遍性词语，而类似描述呼和浩特市“骏马精神，草原气质”和描述徐州市“承两汉雄风，集南北大成；展英雄气概，铸徐州辉煌”[③] 的这类能切实体现城市特色的表述语少之又少，而描述“城市精神”表述语的贫乏，是城市文化特色和独特文化精神缺失的体现之一。

（二）居心不良的各种势力进行的文化渗透愈演愈烈

除城市文化遗产的破坏和城市文化个性的缺失之外，我国的城市文化安全问题还体现为一些居心不良的国外势力对我国进行的文化渗透。[④] 城市是多元文化相互碰撞、各种思想相互交流的地方，加之互联网具有海量信息互动交流、实时传播等特点，为各国人民畅通地交流提供便利。但一些居心不良的国外势力通过大众文化产品，借助网络及各种传播媒介和手段，例如，电影、电视、广播、书籍、刊物、广告等，公开或隐蔽地传播其政

---

① 涂成林：《网络化时代城市文化安全机制的建构》，《广州大学学报》2014 年第 8 期。

② 徐翔：《城市文化安全与中国城市实践》，《南京政治学院学报》2012 年第 6 期。

③ 《徐州市》，360 文档网，http://www.360doc.com/content/12/1226/11/4893167_256328572.html，最后访问日期：2019 年 5 月 28 日。

④ 涂成林：《网络化时代城市文化安全机制的建构》，《广州大学学报》2014 年第 8 期。

治理念、意识形态和生活方式[1]，潜移默化地影响我国群众特别是年轻一代的思维方式、价值取向、文化观念和生活方式，这在某种程度上损坏了我们的文化根基，严重威胁我国的文化安全。

除此之外，这些文化渗透活动还多以文化交流、社会志愿活动等方式开展。2013 年 10 月广东省对外公布的一份调研报告显示，目前在广东省开展文化交流、社会志愿活动的境外非营利性组织已逾 1600 个，这些组织往往未经合法登记，脱离政府的监管[2]，它们根据自己的价值取向歪曲解读一些社会热点事件，对中国的人权状况、环境问题等指手画脚，在一些群体性事件中推波助澜、火上浇油，利用社会舆论激化社会矛盾。这些在文化领域的细微渗透往往不易被人察觉，长此以往，一旦发生质变，往往对社会造成巨大负面影响。因此，维护城市文化安全十分重要、刻不容缓。

二　维护城市文化安全的措施

城市文化安全是国家文化安全中的重要部分，我们只有高度重视城市文化安全建设，才能对维护国家文化安全产生积极影响。为此，无论政府部门还是城市居民，都要充分认识到维护城市文化安全的重要性，在城市建设与管理、对外文化交流中树立“文化安全无小事”的城市文化安全理念。具体来说，维护城市文化安全可以从以下几个方面入手。

首先，要明确维护城市文化安全的重要性和紧迫性，健全提高城市居民文化安全意识的教育机制。城市文化安全宣传教育的对象不能仅局限于政府相关部门的工作人员、青少年学生以及文化从业者，而且应覆盖在城市中生活的每一个人。此外，应加强对全体城市居民的公民道德教育、传统文化教育、文化遗产保护教育以及对外文化交流中的保密意识教育，逐步解决当前城市发展过程中存在的信仰缺失、道德失范和文化遗产破坏等问题。[3]

其次，要建立城市文化安全的监管、评估、预警和危机处理机制。在信息时代，文化信息传播更加迅速、透明，因此只有时刻关注国内外文化安全

① 《关于以美国为首的西方发达资本主义国家对我国进行文化渗透现象的初步探究》，西征网，http：//www. xizhengw. com/html/xz/zzst/34784. html，最后访问日期：2019 年 5 月 28 日。

② 《关于充分发挥社会组织在社会建设中作用的调研报告》，广东政协网，http：//www. gdzxb. gov. cn/zwhgz/shfz/scdy06/201311/t20131129_ 64633. htm，最后访问日期：2019 年 5 月 23 日。

③ 涂成林：《网络化时代城市文化安全机制的建构》，《广州大学学报》2014 年第 8 期。

发展的新形势、新问题和新趋势，相关部门才能做出正确的文化安全决策。为此，政府网络监管部门应首先加强舆情监管，及时发现、处理网络上的不当言论，提升政府对网络舆论的引导、管控能力。相关文化部门或“智库”研究人员要对城市的文化安全环境、文化竞争力、文化国际影响力、城市文化形象以及国内外出现的一些重大事件或现象进行综合性评估和专项评估，充分掌握城市文化安全状况，不断解决文化安全领域出现的新问题，从而为政府的决策调整、方案拟定、跟踪检查和培训人才等提供依据和建议。[①]

最后，要构建和推广我国自身的城市文化标准体系和价值体系，增强城市文化自信。[②] 城市规划设计者、管理者在我国城市文化建设和城市化发展进程中，应增强对国家特色文化、地方特色文化的自信心，特别是在挖掘城市特色资源和特色文化时，不能盲目照搬照抄西方城市发展经验，而要构建和推广中国自己的城市文化标准体系和价值体系，持续维护城市文化安全，发扬中国特色，树立城市发展典范。

第七节 城市公共卫生安全

城市人口密集且流动频繁，其公共卫生安全很难得到全面、严密的维护，突发性公共卫生事件的发生、复发也使城市公共卫生安全的维护难度加大，而公共卫生事件对城市公共卫生安全的影响巨大。所谓公共卫生事件是指“已经发生或者可能发生的、对公众健康造成或可能造成重大损害的事件，主要包括传染病疫情、群体性不明原因疾病、食品安全和职业危害、动物疫情以及其他严重影响公众健康和生命安全的事件”。[③]

一 近年来我国城市重大公共卫生安全事件回顾

（一）非典型肺炎（SARS）

2002 年底，我国广东等地出现了多例原因不明、危害重大的呼吸系统

---

① 陈子杰：《总体国家安全观视域下维护文化安全的路径》，《忻州师范学院学报》2018 年第 6 期。

② 徐翔：《城市文化安全与中国城市实践》，《南京政治学院学报》2012 年第 6 期。

③ 伍岳琦、林锦炎：《突发公共事件卫生应急管理》，中山大学出版社，2018。

疾病。随后，越南、加拿大和中国香港等地也先后出现了类似病例，世界卫生组织在调查研究后将此类疾病命名为“重症急性呼吸综合征”，简称“非典型肺炎（SARS）”。[①]

SARS 病毒本身的不确定性和传染性，导致这种疾病在人类社会迅速蔓延，一度引发全球性公共卫生安全危机。截至 2003 年 8 月 7 日，全球 SARS 累计报告临床诊断病例 8422 例，死亡 916 例，病死率约为 11%。截至 2003 年 8 月 16 日，我国内地 SARS 累计报告临床诊断病例 5327 例，死亡 349 例，病死率约为 6.55%。[②] 除了对公众健康造成严重威胁外，SARS 还对我国的社会经济产生了巨大的影响。据亚洲开发银行统计，在 SARS 暴发期间，全球经济总体损失高达 590 亿美元，中国内地经济总体损失高达 179 亿美元。可以说，SARS 是我国公共卫生安全面临的一次重大挑战。

（二）食品安全事件

近年来，食品安全事件多有发生，“毒奶粉”、“染色馒头”、地沟油、仿造肉、“纸箱小笼包”等严重危害公众健康的食品，都使我国的食品安全面临巨大威胁。此外，一些质量有问题的“网红食品”和“三无食品”也给城市食品安全带来了新的挑战。

2017 年 7 月，某“网红”餐饮公司被爆出客人在用餐后出现胃肠不适、高烧不退的症状，引发大众关注。当地食品药品监督管理局在事件发生后对该餐饮公司所生产的食品进行了调查并发布了调查报告，报告显示，本次事件发生的原因是该餐饮公司的中央厨房在未取得即食食品加工资质的情况下，超过许可核准范围加工即食食品，上述食品在加工过程中受到沙门氏菌污染，导致消费者在食用后出现肠胃不适、高烧、腹泻等症状。事后，当地市场监管部门责令该餐饮公司停止在该地区所有 9 家门店及中央厨房的生产经营活动，并查封相关食品及原料。

2017 年 8 月，某市公安局接到报案称，该市某饮品有限公司生产的一款饮料疑含有国家管制药品成分，消费者饮用该饮料后会出现兴奋的感觉。随后，警方联合食品药品监督管理部门查封该饮品有限公司生产此类饮料的生产线，并扣押已生产出来的饮料。经鉴定，该饮料中确实含有国家管

① 谢红莉、周芬、汪春龙、赵飞飞、金晓冬、潘好：《我国突发公共卫生事件 SARS 与 H7N9 应急处置评价》，《温州医科大学学报》2014 年第 10 期。

② 孙统达：《突发公共卫生事件引起的反思及对策研究》，浙江大学，博士学位论文，2004。

制的第一类精神药品 γ－羟基丁酸，该类药品因具有副作用小、药效持续时间短等特点，曾被用作镇静剂及麻醉剂以治疗失眠、抑郁症、发作性嗜睡病和酗酒等，但若与酒精或其他中枢神经系统镇静剂混用，会对人体会有较大危害，因此被禁用。事后，当地公安局对含有国家管制药品成分的这款网红饮料进行了查处。

2017 年 8 月，某电商品牌生产的开心果因霉菌含量超标而被国家食品药品监督管理总局列入不合格食品抽检名单，虽然在名单公布后国家食品药品监督管理总局已要求相关省、市食品药品监督管理局责令该电商品牌查清产品流向、召回不合格产品、分析原因并进行整改。这并非该电商品牌首次传出负面报道，2016 年，该电商品牌生产的奶油味瓜子就被检测出甜蜜素含量超标，但该电商品牌将超标原因归为检测方法不一致和坚果炒货传统工艺中拌料不均。

食品从食材生产到端上人们餐桌、进入人们口中均有一定的安全风险，这些风险都可能导致食品安全事件的发生。[①] 首先，食材安全问题。在一些地区食材生产所需的土地、水、空气等污染严重，种植户和养殖户滥用农药化肥和违规使用抗生素等现象严重，这些都有可能导致农产品质量不达标甚至受污染。其次，食品加工环节的安全问题。主要表现为食品加工单位在食品加工过程中违规使用添加剂或非食用药品，以及加工工序不规范等。再次，食品流通、销售环节的安全问题。城乡集贸市场、城市快餐店、路边摊等大多卫生环境不合标准，易导使食品受到污染。最后，随着现代食品加工业的发展，新技术、新材料被广泛运用，转基因等技术的不断发展也给食品安全带来隐患。此外，缺乏先进的食品安全监测、检测技术也使维护食品安全面临技术上的制约。

（三）药品安全事件

除各类食品安全事件外，危害药品安全的事件也在城市之中频繁发生，因其直接关系着广大人民群众的身体健康及生命安全而被人们广泛关注。

2014 年 3 月，某市公安局及食品药品监督管理部门在对一家美容中心例行检查时，怀疑该美容中心用于美容的肉毒素、玻尿酸等 500 余件产品存在质量问题。经食品药品监督管理部门的鉴定，可疑美容用品确实存在质

① 徐成芳、罗家锋：《试论当前中国意识形态安全面临的主要问题》，《政治学研究》2012 年第 12 期。

量问题，依据药品管理办法的有关规定，有关部门将这些没有标示进口药品批准文号或国产药品批准文号的可疑药品确认为假药。此次假肉毒毒素、假玻尿酸案件暴露了覆盖全国 30 个省区市，集生产、销售、使用为一体的假药制造产业链，涉案金额达上亿元。案件中所涉及的肉毒毒素是一种毒性非常强的神经毒素，被卫生部门、食品药品监督管理部门列入毒性药品管理名单，此类药物在医学上常被用来治疗眼睑痉挛、面肌痉挛及相关病灶肌张力障碍等，近几年又被部分医疗美容机构用在美容除皱等项目中。但在注射此类药物时，注射医师是否专业、注射部位是否精确到位、药品浓度配置是否合理、注射器是否存在污染以及患者的个体差异，都会对患者造成一定影响，操作不当或药品质量有问题可能致人死亡。

除各类销售、违规使用假药外，"毒疫苗"也极大地危害着公共卫生安全。2016 年 3 月，某省警方破获了一起涉案金额高达 5.7 亿元的非法经营疫苗案，在全国引起轰动。犯罪分子在长达五年的时间内与陕西、重庆、吉林等 10 余个省区市的 70 余名医药公司业务员或疫苗贩子进行联系，并从中低价购入流感、乙肝、狂犬病等 25 种人用疫苗，在未经严格冷链存储的情况下，将这些疫苗运输销往 24 个省区市，此类"毒疫苗"危害较大，患者一旦接种了这种疫苗轻者免疫无效，重者直接死亡。

与食品安全问题相似，药品安全在药品生产制造、流通销售、储存和使用等方面都存在各种安全风险。① 首先，药品生产环节的安全问题。虽然目前大多数药品生产企业都能严格按照国家药品标准生产药品，但这其中仍存在一定安全隐患，一方面存在药材原料配备失当、随意变更药品成分和剂量以及违规添加非处方成分和不当制剂等问题；另一方面存在违法违规地下生产、伪造盗用生产批号以及药品使用说明不规范等问题。其次，流通销售环节的安全问题。由于部分地区储存运输条件差，不能满足药品运输储存的基本要求，由此可能造成药品破损、污染或变质；此外，在销售环节还存在部分商家无证照销售药品、盲目加价或用虚假广告夸大药效甚至兜售假药劣药等情况。最后，药品安全使用方面的问题。药品使用是保障药品安全的最后环节，也是最容易出现安全问题的环节。例如用药单位或者医师个人为追求经济利益，乱开处方，不合理用药，这不仅会加重

---

① 徐成芳、罗家锋：《试论当前中国意识形态安全面临的主要问题》，《政治学研究》2012 年第 12 期。

患者的经济负担、形成医疗行业的不正之风，而且会危害患者的生命健康；另外，患者对医药功效和病理知识知之甚少，易被虚假广告和传言谣言迷惑，盲目自行用药或盲目更改用药剂量也会引发药品安全问题。

二 维护城市公共卫生安全的措施

从以上三种类型的公共卫生安全威胁中我们可以看出，公共卫生事件的发生，不仅使城市公共卫生和医疗体系面临巨大的压力，如医疗力量相对短缺、抢救物资相对不足等[①]，而且会造成人群的发病和死亡、威胁医务人员自身健康以及引发群体性恐慌，使人民群众的安全感降低。此外，公共卫生事件的发生还会对国家和地区的经济、贸易、金融等产生严重影响。总体来说，公共卫生安全事关重大，极易影响社会稳定和国家安全。那么，面对危害如此巨大的各类城市公共卫生安全事件，我们又该采取哪些措施来维护公共卫生安全呢?

（一）完善突发性公共卫生事件预防与处置的相关法律法规[②]

首先要完善《中华人民共和国传染病防治法》、《公共场所卫生管理条例》、《中华人民共和国进出境动植物检疫法》和《突发公共卫生事件应急条例》等涉及公共卫生安全的基础法律法规，使人们在预防与处置城市公共卫生事件时有法可循。其次要完善《中华人民共和国食品安全法》《中华人民共和国食品安全法实施条例》《餐饮服务食品安全监督管理办法》等专项法律法规，让食品安全监管等有法可依、更为规范。还要对食品、药品等方面的违法行为依法量刑，在实现惩处目的的同时也能在一定程度上预防与减少此类事件的发生。

（二）联防联控，做好城市突发性传染疾病防控工作[③]

做好城市突发性传染疾病防控工作必须要做到联防联控，各有关部门

① 丁天赞：《突发公共卫生事件应急反应体系和运行机制的研究》，山东大学，硕士学位论文，2005。

② 马建珍：《我国突发性公共卫生事件治理缺失与再造》，《中共南京市委党校南京市行政学院学报》2006 年第 3 期。

③ 王婧：《中国中西部农村地区传染病监测和预警系统能力评估及其对策研究》，复旦大学，硕士学位论文，2010。

应做好重特大突发性疾病信息共享和防控环节的衔接工作，明确各方责任，实现联防联控机制的规范化运作。例如，在严控传染病疫情方面，首先要加强预警监测，统筹做好肺结核、甲型肝炎等常见多发病的防控工作。发现疫情的城市，要迅速做好信息上报工作以便及时采取措施，做到早发现、早报告、早行动，降低发病率，提升防治效果。其次要严防外来疫情传播。要做好疫情信息收集工作，密切关注国际疫情变化，根据变化及时判断，预测出疫情在一定地区和时间内是否会流行以及流行的速度与规模，以便有针对性地采取防疫措施，降低人们的发病率与死亡率。此外还要加强传染疾病的监测预警，跟踪排查入境传染病患者以及其密切接触者，一旦发现发病征兆要迅速采取隔离措施。最后要加强宣传引导，营造良好的疫情防控氛围，向重点口岸城市、大型国际活动举办城市等重点区域和人群普及防控疫情的知识。

（三）建立完善的突发性城市公共卫生事件应急管理系统①

建立完善的突发性城市公共卫生事件应急管理系统，一是要在完善各级各类城市公共卫生应急预案的基础上，建立综合性的危机决策机制；二是要强化危机预警机制，相关部门要加强信息搜集、识别和传输能力，完善城市公共卫生报告监测网络，提高城市公共卫生监测预警的灵敏度和应急响应能力；三是建立良好的信息披露机制，加强城市公共卫生事件的舆情监控，做好城市公共卫生事件的评估分析、信息收集工作，并向公众及时公开、公布；四是建立舆情监测网络，搜集舆情信息，针对敏感的舆情热点要及时做好回应和处理，加强舆论引导，有效减少公共卫生事件对城市生产生活秩序的影响。

（四）加强公共卫生科普宣传教育，提升全民卫生素质和应对能力

维护公共卫生安全离不开全民的共同努力，因此政府要积极开展公共卫生科普宣教活动，向群众普及应对突发性公共卫生事件知识，注重培育和优化群众的公共卫生意识，提高公众风险防范意识和自救、互救能力。②

① 王琦：《探讨突发公共卫生事件应急机制的建立》，《中国卫生产业》2013年第6期。

② 黄法如：《加强突发公共卫生事件应急能力建设研究——以新余市为例》，南昌大学，硕士学位论文，2009。

同时，针对突发性城市公共卫生事件，政府要引导全社会积极参与突发性公共卫生事件的防范和应对工作。倡导群众在面对突发性公共卫生事件时自觉接受隔离封锁，积极配合治疗，做到不隐瞒、不逃避。此外，还要针对城市管理者和专业人员举办突发性城市公共卫生事件处置培训班，提高城市领导者和管理人员的应急处置能力。

目前看来，我们虽然不能把威胁城市公共卫生安全的隐患全部清除，但只要努力践行以上四点措施，便能切实维护城市公共卫生安全，保障人民生命财产的安全。

本章小结

城市人口密集且流动频繁，其公共安全很难得到全面、严密的保障，突发性城市公共安全事件的发生、复发使得维护城市公共安全的难度加大，因此，只有在上述七个方面不断加强建设，我们才能确保城市公共安全，使我们的城市生活更加美好。

第三章　乡村公共安全

我国乡村分布广泛，且乡村的生产生活对整个国民经济的存在和发展至关重要，因此，乡村的公共安全也十分重要。目前，关于乡村公共安全的概念学界尚无统一界定，一些学者或从公共安全的一般概念来定义乡村公共安全，或从与城市公共安全的对比中来认识乡村公共安全。根据乡村公共安全中“乡村”的区域限定，乡村公共安全的特殊性在于：第一，乡村公共安全所涉及的范围特指中国所有的乡村地区，包括农业、牧业和渔业地区；第二，乡村公共安全所涉及的对象是从事农业、牧业和渔业的广大人民群众，以及未从事农、牧、渔业但在乡村地区生活的人民群众；第三，乡村公共安全会影响乡村的生产和生活。因此，本章将我国的乡村公共安全分为乡村自然灾害、乡村生态安全、乡村资源安全和乡村食品安全。本章将在分类和案例的基础上来论述各类乡村公共安全的内容及其面临的危害，并在分析原因的基础上试图提出一些防治建议。

第一节　乡村自然灾害

我国是世界上受自然灾害影响最严重的国家之一，资料显示，自 1949 年以来“全国平均每年因自然灾害造成的直接经济损失都在 1000 亿元以上，农作物受灾面积年均超过 4000 万公顷，受灾人口年均超过 2 亿。进入 21 世纪以后，自然灾害更加频繁，造成的社会经济损失更加严重，以 2006 ~ 2010 年为例，灾害造成的直接经济损失：2006 年为 2528.1 亿元，2007 年为 2363 亿元，2008 年为 13547.5 亿元，2009 年为 2523.7 亿元，2010 年为 5339.9 亿元”。[①] 而“我国的特殊国情决定了自然灾害救灾的重点

① 夏支平：《农村公共危机治理》，社会科学文献出版社，2015，第 1 页。

在农村。首先，我国是一个发展中的农业大国，80%左右的人口从事农业生产，农业的兴衰对整个国民经济的发展起着至关重要的作用。而自然灾害对农业生产的影响尤为严重。其次，我国贫困人口主要集中在农村地区。贫困人口由于收入水平、教育水平较低，抵御自然灾害的能力较弱，因此，更容易受自然灾害的影响”。[①]

一　乡村自然灾害分类

给人们的生存、生产和生活带来危害的自然现象就是自然灾害，它既要有自然现象的发生作为诱因，又要有受到损害的人、财产和资源等作为客体，自然灾害具有分布范围广、造成的危害严重、不可避免以及可预防减轻危害等特点。不论过去还是现在，自然灾害都是人类面临的巨大安全威胁之一。

根据不同的标准，乡村自然灾害可分为不同的种类。第一，按成因可分为气象灾害、洪水灾害、地震灾害、地质灾害、农作物灾害和森林灾害；第二，按发生的地理位置可分为陆地灾害和海洋灾害；第三，按发生的条件和范围可分为大气圈和水圈灾害、生物灾害、森林和草原灾害；第四，按持续时间的长短和爆发的缓急程度可分为突发性自然灾害和缓变性自然灾害。[②] 根据我国乡村的地理位置和生产生活特点，影响乡村公共安全的自然灾害主要有气象灾害、地质灾害、水文灾害、火灾和生物灾害。

（一）气象灾害

气象灾害是给人类的生命财产、生产活动和生活环境等造成直接或间接损害的有害天气的总和，属于原生灾害。气象灾害的发生是由气候骤变导致的，但它绝不是简单的自然气候变化，从农业气象灾害来看，它是指会对“农业生产产生危害的自然变化”[③]，具有季节性明显、局部性发生和多灾害并发性等特点。气象灾害给乡村公共安全带来的最大危害是制约和损害农业生产，主要表现为影响农作物的生长、牧区牲畜的放养以及渔业的养殖。

第一，对我国农业区影响较大的气象灾害是干旱、暴雨、风害、雪灾和霜冻等。以干旱为例，干旱是我国影响面积最大、后果最为严重的气象

① 赵曼、薛新东：《农村救灾机制研究》，中国劳动社会保障出版社，2012，第2页。

② 赵曼、薛新东：《农村救灾机制研究》，中国劳动社会保障出版社，2012，第11~12页。

③ 晏君、王万超：《农业气象灾害发生特点及预防措施》，《河南农业》2017年第5期，第38页。

灾害。有学者分析了 1949～2017 年近七十年我国旱灾的时空变化情况，发现 1949～1979 年我国发生重旱的频率是 16.1%，1980～2017 年我国发生重旱的频率是 52.6%，可见在时间维度上旱灾发生的频率有所增加。[①] 就旱灾的空间分布来看，“北方地区发生重旱以上的区域分布在内蒙古、山西、辽宁、河北、陕西、甘肃和宁夏，虽然南方地区多发生轻旱和中旱，但湖南、四川、贵州、云南等省发生重旱以上的频率亦呈增加趋势。受气候变暖以及人类活动等因素的影响，我国干旱发生的范围整体向西南扩展，干旱灾害影响程度在加重”。[②] 如 2010 年我国西南地区 5 个省区市（云南、贵州、广西、四川、重庆）发生的特大干旱造成 1 亿多亩的耕地受灾、2425 万人饮水困难、1584 万头牲畜饮水困难，给农民的生产生活造成了严重影响。[③]

第二，对我国牧区影响最大的气象灾害是“白灾”和“黑灾”。其中，“白灾”指冬天的暴风雪，暴风雪会大面积覆盖草原，使越冬牲畜在草原找不到食物，抵抗不了严寒，只能被冻饿致死；“黑灾”指发生在草原春季的干旱，春季正是牧草返青的时候，干旱使春草生长所需的水分缺乏，影响草场的恢复，从而导致大批牲畜病死或饿死。[④] 在我国内蒙古自治区的草原地区就有“十年九灾”“十灾九白”的说法，如“锡林浩特市自 1953 年到 1988 年上半年，共出现 13 个白灾年，其中，严重白灾年 5 个，特大白灾年 8 个”[⑤]；2000 年内蒙古自治区草原地区遭遇了严重白灾，其中，受灾旗县 34 个、牧民 80 多万人、牧场 37473 公顷、牲畜 1766 万头[⑥]，给当地造成了严重的经济和社会损失。

第三，对我国渔业区影响较大、破坏性最强的气象灾害是台风。台风是一种热带气旋，主要发生在热带或副热带洋面，台风在登录前和登录后会引发狂风、暴雨和风暴潮三种灾害，这些灾害会给当地的社会经济造成巨大危害。每年夏秋季节我国的东南沿海地区或多或少地会遭受台风的袭

---

① 倪深海、顾颖等：《近七十年中国干旱灾害时空格局及演变》，《自然灾害学报》2019 年第 6 期。

② 倪深海、顾颖等：《近七十年中国干旱灾害时空格局及演变》，《自然灾害学报》2019 年第 6 期，第 176 页。

③ 赵曼、薛新东：《农村救灾机制研究》，中国劳动社会保障出版社，2012，第 42～43 页。

④ 陈浩钿：《内蒙古东部干草原牧区的黑灾与白灾》，《中国减灾》1997 年第 3 期。

⑤ 湖涛：《内蒙古白（雪）灾及减轻其损失的对策》，《干旱区资源与环境》1989 年第 3 期，第 185 页。

⑥ 黄华欣：《内蒙古遭受严重“白灾”》，《中国牧业通讯》2000 年第 3 期。

扰。资料显示，受2013年超强台风“尤特”、“天兔”和“海燕”等影响，广东和海南两省的渔业养殖设施约损毁61600箱，200多艘渔船沉船[①]；2014年超强台风“威马逊”导致海南省523艘船只沉船，该台风对海南全省渔业造成的直接经济损失超27亿元。[②]

（二）地质灾害

地质灾害是由地质作用引起的给人民生命财产和生活环境造成破坏和损失的灾害。第一，根据灾害形成的原因地质灾害可分为自然地质灾害和人为地质灾害，由降雪、地震等引发的地质灾害被称为自然地质灾害，由开矿、爆破等引发的地质灾害被称为人为地质灾害；第二，根据地质环境的变化速度地质灾害可分为突发性地质灾害和缓变性地质灾害，如滑坡属于突发性地质灾害，水土流失属于缓变性地质灾害；第三，根据灾害发生区的地理环境地质灾害可分为山地地质灾害和平原地质灾害，如泥石流属于山地地质灾害，地面沉降属于平原地质灾害。

在乡村地区，地质灾害不仅会威胁乡民的生命安全，损害农作物、牲畜、房屋建筑、交通设施等，而且其较严重的破坏性可能改变受灾村落的布局、地理地貌和生态环境等。就发生频率和损失程度来看，影响我国乡村公共安全的地质灾害主要为滑坡、泥石流和地震，这三种灾害之间也存在关联性和并发性。

1. 滑坡

20世纪以来我国发生了多次灾难性滑坡灾害，如宁夏海源大地震诱发的黄土滑坡、四川省达县青宁乡岩门村滑坡、黄河龙羊峡水电站坝前大型滑坡群和查纳滑坡、长江三峡新滩滑坡等都是典型滑坡灾害。滑坡除了会造成人员、牲畜伤亡以外，还会给当地的生态环境、房屋建筑、河流道路以及耕地等造成破坏。如2013年1月11日，云南省昭通市镇雄县赵家沟发生的特大滑坡滑程近800米，导致部分人员伤亡，掩埋房屋63间，毁坏耕地500余亩，给当地的生态、经济和社会带来极大破坏。[③]

---

① 中华人民共和国农业部渔业局：《2014中国渔业年鉴》，中国农业出版社，2014。

② 吴祖立、崔雪森等：《南海台风活动特征及其对渔业活动的影响》，《海洋渔业》2018年第5期，第553页。

③ 殷跃平、刘传正：《2013年1月11日云南镇雄赵家沟特大滑坡灾害研究》，《工程地质学报》2013年第1期，第7页。

2. 泥石流

我国是世界上受泥石流危害最为严重的国家之一，尤以 2010 年发生的“8·7 泥石流灾害”最为典型。在此次灾害中，甘肃省甘南藏族自治州舟曲县城关镇有 15 个村子受灾，江盘乡有 2 个村子受灾，其中，城关镇月圆村几乎被摧毁殆尽，是受灾最为严重的村子，周边的三眼村、罗家峪村、北关村等亦受灾较重。[①]

3. 地震

地震是由于地壳板块之间相互挤压碰撞，板块之间出现交错而产生的强烈地面震动，地震所形成的地面裂缝和变形会导致房屋建筑倒塌，进而危及人身和财产安全、交通和通信中断等。我国是地震多发国，以 2018 年 5 月 12 日发生的汶川地震为例，“地震波及四川、甘肃、陕西、重庆等 16 个省区市，有 417 个县、4652 个乡（镇）、47789 个村庄受灾，灾区总面积达 44 万平方公里，重灾区面积达 12.8 万平方公里，受灾人口有 2983 万人”。[②]

（三）水文灾害

《管子·度地篇》中写道：“故善为国者，必先除其五害”，其中，“水，一害也。旱，一害也。风雾雹霜，一害也。厉（瘟疫），一害也。虫，一害也。此谓五害。五害之属，水为最大”。由此可见水文灾害的巨大影响及防治的重要性。水文灾害包括洪涝等灾害，具有明显的季节性、区域性和重复性，它与降水的时空分布及受灾地区的地形有关。我国的水文灾害主要发生在每年的 4～9 月，分布特点为东部多、西部少，沿海多、内陆少，平原低地多、高原山地少，山脉东坡和南坡多、西坡和北坡少，其中，长江流域是我国水文灾害的多发区。

我国是世界上水文灾害频发且受灾范围较广的国家之一。由于我国国土面积辽阔，加之地形地貌类型多样、气候类型复杂，我国的水文灾害有洪水、涝渍、风暴潮等类型。以洪水为例，1998 年长江、嫩江、松花江爆发的全流域特大洪水灾害，导致全国 20 多个省区市遭受了不同程度的涝灾，给人民的生命财产安全带来了严重危害。因乡村的防洪基础设施较弱，受灾也较为频繁，即使不是特大洪水灾害，其他水文灾害也会给乡村的公共

---

① 资料来源于杨丽云 2013 年在舟曲县的实地考察。

② 潘土养：《两次大地震灾情比较及汶川救灾特色》，《广州社会主义学院学报》2008 年第 3 期，第 77 页。

安全带来较大威胁。

（四）火灾

火灾指失去控制的燃烧所造成的灾害，是经常威胁公共安全的自然灾害之一。我国古代就有关于火灾的记载，如北魏郦道元《水经注·渭水三》中写道："地皇三年，霸桥火灾自东起"，清朝丁寿昌的《纪灾行》中描述了淮安大火的情况。而在当代火灾更是频发，所造成的损失也更为严重。据统计，2017 年 1～10 月全国共接报火灾 21.9 万起，致 1065 人死亡，679 人受伤，造成直接财产损失 26.2 亿元。[①]

基于乡村的建筑特点、地理位置、人员构成和基础配套设施情况，乡村火灾具有蔓延速度快、扑救难度大、易致人员伤亡的特点，且多发生在冬春季节，季节性特征明显。其中，电气线路故障、液化气的使用不慎、乱扔烟头、生活用火不慎、燃放烟花爆竹、玩火纵火等是引发农村火灾的主要原因。资料显示，2005 年我国农村共发生火灾 86538 起，造成人员死亡 1593 人、受伤 1340 人、直接财产损失达 52210 万元。[②]

对于乡村社会来说，火灾的发生会造成烧毁房屋、农作物、森林、草原等后果，其中，以草原火灾和森林火灾的影响最大。如 1987 年 5 月 6 日大兴安岭发生的特大森林火灾，过火面积达 133 万公顷，受害森林面积达 101 万公顷，造成 213 人死亡、226 人受伤，震惊世界。大火烧毁了 3 个林业局（县城）、9 个林场、85 万立方米木材、6.4 万平方米房屋，直接经济损失高达 5 亿元，预计被破坏的森林生态系统需要超过 200 年才能恢复。[③]此外，火灾还会影响人类文明的传承和发展。如 2009 年 11 月 6 日，广西壮族自治区三江侗族自治县独峒乡林略村发生了特大火灾，大火持续了 4 个多小时，"整个村寨一夜之间烧毁了花鼓楼（连同戏台）、高盘楼、务楼三座鼓楼，百艳楼虽然幸存，但也被烧得面目全非，需要重建"[④]，这场火灾给当地的民族文化遗产造成了不小的损失。

---

① 《1～10 月全国接报火灾 21.9 万起，住宅火灾超 4 成，电气是首因》，新华网，http://www.xinhuanet.com/politics/2017－11/07/c_129734921.htm，最后访问日期：2019 年 5 月 23 日。

② 《2005 年全国发生火灾 23 万多起，造成 2496 人死亡》，人民网，http://politics.people.com.cn/GB/1027/4045210.html，最后访问日期：2019 年 5 月 23 日。

③ 白夜、武英达：《我国森林草原火灾潜在风险应对策略研究》，《林业资源管理》2020 年第 1 期，第 12 页。

④ 韦益金：《火灾与聚落空间的调适研究》，广西师范大学，硕士学位论文，2013。

（五）生物灾害

生物灾害的产生和人与自然界之间的平衡被打破有关，生物灾害可分为农作物生物灾害和森林生物灾害。其中，农作物生物灾害包括农作物病害、农作物虫害、农作物草害和鼠害，具体而言，我国的农作物病害包括水稻病害、小麦病害、玉米病害、棉花病害等，以水稻病害为多；农作物虫害有水稻虫害、小麦虫害、玉米虫害和棉花虫害等，以棉花虫害为多。森林生物灾害包括森林病害、森林虫害和森林鼠害，目前我国的森林病害约有 2918 种，森林虫害约有 5020 种，森林鼠害约有 160 种。①

生物灾害一直危害我国的乡村公共安全。据统计，1979～1999 年，我国每年农作物因病虫害受灾的面积就达 1.7 亿公顷以上，仅森林病虫害受灾的面积在 800 万公顷以上。② 以蝗灾为例，我国古代就有“旱极而蝗”“久旱必有蝗”的说法，而自新中国成立以来，蝗灾依然是影响我国乡村生产和发展的重要生物灾害之一。研究表明，“我国平均每间隔 3～5 年就爆发一次严重的蝗灾，危害面积广且严重，蝗灾对于农业生产的安全和农业产值的提高构成严重威胁，影响社会的稳定”。③ 除了危害农业生产外，生物灾害还会危害人畜健康，如鼠疫的爆发会造成许多人畜死亡。此外，生物灾害还会影响农牧业的良性发展，如农作物生物灾害轻者会影响作物收成，造成粮食减产，重者则使作物绝收或农产品变质，从而引发更大灾难。

以上便是影响乡村公共安全的自然灾害分类及案例，可以看出，乡村自然灾害给乡村公共安全带来的危害有七个：一是影响农、牧、渔业的生产和发展；二是威胁乡民的生命安全；三是给乡民的财产带来损失；四是破坏乡村的基础设施；五是破坏乡村的地理环境、生态系统和文化体系；六是可能引发流行病等疾病，危及乡村公共卫生安全；七是影响乡村地区的社会稳定。

---

① 《自然灾害的预防与自救》，豆丁网，http：//www.docin.com/p－1400542550.html. 最后访问日期：2019 年 5 月 20 日。

② 赵曼、薛新东：《农村救灾机制研究》，中国劳动社会保障出版社，2012，第 19 页。

③ 高冬梅：《建国以来我国蝗灾防治工作的历史考察》，《河北师范大学学报》（哲学社会科学版）2005 年第 1 期，第 155 页。

二　乡村自然灾害发生的原因

（一）自然原因

第一，气象因素。包括水分、光照、温度等因素，若这些因素一直维持在一定的限度内而不出现异常情况，那么地球上就不会出现灾害，反之，一旦这些因素之间的平衡被打破则会出现自然灾害。气象灾害、水文灾害等的发生都与气象异常有关。例如2010年发生的舟曲县泥石流灾害，其原因就是前期干旱使得山上的岩体收缩，遇到暴雨后这些岩体碎裂，成为泥石流发生的物源，最终促成泥石流的爆发。[①]

第二，地理因素。包括地理位置、地质环境和地形地貌等因素。如我国东部乡村遭遇的水文灾害多于西部乡村；分布在河流、湖泊、海洋沿岸地区的乡村较其他地区的乡村更容易遭遇水文灾害；处于地质构造带或者板块挤压带活跃区的乡村就容易发生地震、泥石流等地质灾害；区域内有高山、峡谷等地形的乡村较之平原地区的乡村更容易发生山体滑坡、崩塌等地质灾害。

第三，自然灾害之间的关联性与并发性。自然灾害有时并不是完全独立发生的，它们之间有着紧密的关联性甚至并发性。如泥石流灾害的出现往往与干旱、暴雨灾害相关；地震灾害发生后常出现泥石流、山体滑坡等次生灾害；长时间的干旱会给草原带来蝗灾；等等。这些都说明自然灾害的发生可能会引发其他自然灾害。

（二）人为原因

第一，人类对生态环境的破坏。这主要是乱砍滥伐和扩张耕地等行为对自然环境的破坏。例如从20世纪50年代到21世纪初，白龙江流域乱砍滥伐现象严重，森林面积锐减，流域范围内的生态环境十分脆弱，森林的严重破坏导致植被无法固土保水，于是当地质灾害发生时被破坏的植被系统就无法发挥缓解作用，进而加剧了灾害的危害性。此外，随着人口数量增长，人们对耕地的需求也随之增加，为了获取更多的生产资料，人们不得不开垦荒地，这不仅破坏了生态环境，造成水土流失等，而且为其他灾

① 单广宁：《舟曲泥石流灾后重建的民族学研究》，兰州大学，博士学位论文，2015。

害的出现埋下隐患。

第二，工程的开展破坏地质环境。这主要指乡村水电基础设施的开发和公路的建设。这些工程活动的开展破坏了乡村原本的地貌和地质环境，在激活老灾害的同时也会引发新灾害，此外，工程所遗留的废料、泥土等会成为泥石流等自然灾害发生的物源。如水电基础设施的建设不仅改变了河流的自然面貌，而且改变了当地的地质环境，破坏了原有的地质结构，为灾害发生留下隐患。

第三，乡民的防灾意识不强。这表现在乡民修筑的防护工程质量差和偏执于保留传统聚居的村落格局两个方面。很多地质灾害多发段都会修建一些能够抵挡或缓解灾害危害的设施，如在地震高发区会修筑抗震楼房，泥石流和洪水受灾区会修筑防洪大坝等，但一些人为了追求眼前的利益，修筑的防护设施质量差，这些工程在灾害发生时不能起到降低灾害危害的作用。在人口密集分布的地区自然灾害带来的损失更为严重，但在一些多灾区，当地乡民都清楚某些地段自然灾害多发却仍不愿意撤离，如舟曲县的三眼峪和罗家峪是泥石流多发带，但峪口及两侧仍有村落分布，大量居民聚集于此，最终加剧了灾害的危害程度。[①]

三　防治乡村自然灾害的建议

在防治乡村自然灾害时，我们应根据自然灾害的具体特点，结合乡村的实际情况来开展。可从以下四个方面入手。

第一，增强乡民的风险防范意识，包括保护生态环境、预防灾害发生和降低灾害损失等方面的意识。提高乡民保护生态环境的意识，可通过两种途径来实现：一是在农业生产中，乡民可以通过农作物间作和套种、分散种植和储存粮食等来分散灾害带来的不良后果，如共同种植抗旱抗涝作物，保证农民在旱年或涝年都能有所收获；二是购买灾害保险，这类保险可对乡民在农、牧、渔业生产过程中因遭受自然灾害和意外事故而产生的财产损失进行一定程度的补偿。

第二，提高乡村自然灾害预警能力。“自然灾害预警包括自然灾害的预

---

① 资料来源于杨丽云 2013 年在舟曲县的实地考察。

测与灾害的警告”。[①] 目前我国已初步形成自然灾害监测预警体系，但仍存在一些问题，如预警系统基础研究薄弱、高性能核心技术有待开发、各技术系统不兼容、灾害信息发布的准确性和及时性有待提高等，这些问题在乡村地区更为突出，这也就导致我国乡村的自然灾害预警能力相对薄弱。因此，我们要不断完善和发展乡村的自然灾害预警系统，比如制定自然灾害预警法律法规，健全自然灾害预警机制，加强乡村地区自然灾害预警设施建设，绘制乡村自然灾害风险分布图，建立基于乡、村两级的灾害信息传播系统等。

第三，提高灾害应急能力。政府及其他组织在应对突发性自然灾害时，需要建立一系列的应急体系和管理体系，并采取一些必要的措施保障受灾群众的有序撤离、防止次生灾害发生、做好受灾群众的思想和安抚工作等，尽可能降低灾害造成的损失，为后续的灾后重建提供基础保障。

第四，积极开展灾后乡村重建工作。自然灾害会对乡村生态环境造成破坏，因此，为了更好地保护乡村的生态环境，同时降低灾害发生的可能性，我们要注重灾后对乡村生态环境的重建。此外，政府还要注重对损毁的居民点进行重建，在进行居民点选址时应着重考虑新地址所在地的灾害历史和地理地质环境，居民楼的修建应注意增加抗震、防火等功能。

第二节　乡村生态安全

2007 年，党的十七大提出了生态文明建设；2012 年，党的十八大将生态文明建设提到一个前所未有的战略高度；2013 年 9 月 7 日，习近平总书记指出：“我们既要绿水青山，也要金山银山。宁要绿水青山，不要金山银山，而且绿水青山就是金山银山。”2017 年，习近平总书记在党的十九大报告中提出要“加快生态文明体制改革，建设美丽中国”。2018 年 3 月，李克强总理在十三届全国人民代表大会第一次会议上继续强调“树立绿水青山就是金山银山理念，以前所未有的决心和力度加强生态环境保护”。由此可见，不论从战略高度、思想认识还是实际行动上，我国都非常重视生态安全。

① 赵曼、薛新东：《农村救灾机制研究》，中国劳动社会保障出版社，2012，第 108 页。

“生态安全”这一概念于20世纪下半叶提出，是指“一个国家赖以生存和发展的生态环境处于不受或少受破坏与威胁的状态，通常具有两重含义，一是指生态系统自身是否安全，即其自身结构是否受到破坏，功能是否健全；二是指生态系统对于人类是否安全，即生态系统所提供的服务能否满足人类生存发展的需要”。① 基于此，乡村生态安全可被定义为乡村赖以生存和发展的生态环境处于不受或少受破坏的状态，这种生态环境能够为乡村生产、乡民生活提供可持续发展所需的基础性资源。

一　乡村生态安全分类

根据乡村的自然环境和生态系统特点，乡村生态安全主要包括水生态安全、土地生态安全和生物多样性安全。

（一）水生态安全

水生态安全是指“在一定的技术条件下，水生态系统的承载力大于人类对它所施加的压力的一种状态，主要包括水生物安全、水资源安全和水环境安全三个方面”。② 其中，水生物安全是指“水生生物生存安全和人类可持续获取水产品的安全”③；水资源安全强调水量的安全，是指“水资源供给能够满足生产、生活、生态的用水需要”④；水环境安全强调水质的安全，是指“水污染的程度被控制在自然环境的自我洁净范围之内，保证社会经济发展、人民生产生活不会因为水质变化而受到损害”。⑤

尽管水生态安全是一个属于非传统安全范畴的新概念，但水生态安全问题由来已久，并已成为跨国家、跨流域、跨区域存在的普遍问题。在我国，不管是城市还是农村都面临水生态安全问题。目前我国乡村存在的水生态安全问题主要有以下三个。

第一，水生生物减少。江河湖海是水生生物的主要栖息地，但由于水

---

① 《生态安全是国家安全的重要组成部分》，中国共产党新闻网，http：//theory. people. com. cn/n1/2015/1218/c83846 - 27946338. html，最后访问日期：2019 年 5 月 20 日。

② 张义：《水生态安全初论》，《水利发展研究》2017 年第 1 期，第 27 页。

③ 张义：《水生态安全初论》，《水利发展研究》2017 年第 1 期，第 28 页。

④ 张义：《水生态安全初论》，《水利发展研究》2017 年第 1 期，第 28 页。

⑤ 张义：《水生态安全初论》，《水利发展研究》2017 年第 1 期，第 28 页。

生态环境的污染以及人为的过度捕捞，我国的水生生物正在减少。长江是我国重要的水生生物资源库，但目前该流域内的水生生物正逐渐减少，包括白鱀豚、白鲟、长江鲥鱼、中华鲟等都处于濒危状态，青鱼、草鱼、鲢鱼、鳙鱼等鱼类的鱼苗发生量也大幅降低。然而，水生生物减少所带来的影响并不止于此。除了农业、牧业以外，我国还有不少以渔业为生的渔民，对于这些渔民来说，水生生物和可捕捞区域的逐年减少会对他们的生产生活造成威胁，使其面临生计转型的问题。

第二，水量缺乏。即水资源不足以满足人们的正常生产生活所需。如云南省宣威市阿都乡荣胜村是乌蒙山区的一个小村庄，由于降雨量分配不均，地处高山之上、离水源丰沛地区较远等原因，自 20 世纪 80 年代起该地每年 1～5 月都要面临水资源缺乏的问题，这也就意味着该村村民一年中有约半年的时间都需要到水源地“等水”① 来获得日常生活和农业生产所需用水。这里以荣胜村下辖的一个自然村——白木科村的取水情况来说明水资源短缺情况下人们的应对方式。白木科村邻近山顶，较高的地势使其除地下水外没有其他水源。村中常年使用的水井只有一眼杨家大井，杨家大井位于村落最高处的居民房屋背后，距离村里最远的村民家仅需步行五六分钟即可到达。杨家大井虽名为大井，却由成年人拳头粗细的一根引水管和容量约为 250 升的井身构成，2003 年前后该井井身才被扩建为一个容量约为 3000 升的蓄水池。在雨季，杨家大井的出水量不仅能够满足村民们的用水，富余的水量还会从水井宣泄而出流向地势较低的山沟，供山下村民使用。但在旱季该水井的出水量远远不能满足村民所需，一个小时的出水量只能装满当地人常用的两只塑胶水桶，也就是“一挑水”的量，约为 25 升。这使得人们在用水的紧急时刻不得不去其他水源地取水。除杨家大井以外，白木科村村民的取水地点还有伊摩罗、老槽洞、出水地、立新小河、梨树大河等，但人们却很少去这些地点取水，每户人家每年总共外出取水 10～20 次，这是因为这些水源地离白木科村较远，即使相距不太远的水源地，其出水量也很小，且这些水源地也要供其他村落的村民使用。其中，伊摩罗、老槽洞等水源地的出水量较小，村民“等水”花费的时间较长，而立新小河和梨树大河距离较远，只有能一次性取较多水的农户才会去这

① “等水”是当地说法，指人们在水源紧缺时期轮流在水井处等待水流出并将水装满蓄水工具这一行为，它具有一定的行为准则，在台文泽等人的研究中将之称为“守水”，本书基于当地人的表达而使用“等水”这一概念。

两个水源地取水，而对于大多数农户来说专门去远处取水都不划算，因此，他们多选择在杨家大井“等水”。①

第三，水质污染。即水中各类元素本来的平衡结构因各种原因被打破，而形成的水质污染。乡村常见的水质污染通常有工业废水、生活污水、大量含有农药和化肥的农田污水、倾倒在水源中的工业废弃物和生活垃圾、家禽养殖的粪便排放以及水土流失等，这些水质污染影响人们日常生活中的饮用水，以及农业生产中的用水。乡村的水质污染不仅会威胁人们的生命安全，而且会对当地的自然生态系统造成损害，不利于农业的生产和发展。

乡村地区的水生态安全问题不仅威胁乡民的生命安全，而且水污染等除了危害农作物的生长和发育外，还会影响当地整个生态系统的良性循环，是危害乡村公共安全的重要问题之一。此外，水生态安全问题不只是一个地区的问题，它会随流域的延伸而成为跨区域问题，造成更大范围的影响，故应予以高度重视。

（二）土地生态安全

土地生态安全是指土地表层的生态系统不受破坏，且该生态系统能够持续不断地为人类提供生存和发展需要的服务。这也就要求土地表层的生态系统不受或少受污染、退化等威胁，但事实上，水土流失、土地污染、土地荒漠化、土地沙化、土地盐碱化等一直是我国乡村地区土地生态安全面临的主要问题。我国乡村的农用土地主要分为耕地和草场，所以，乡村土地生态安全也就包含了耕地和草场的生态安全。

我国乡村地区土地生态安全问题包括数量安全问题和质量安全问题。其中，数量安全问题包括耕地面积锐减、林地面积小、草场严重退化和人均土地少四个方面的问题；质量安全问题包括水土流失、土壤污染、土地沙漠化、土地盐碱化和土地破坏等问题。② 同时，我国也是世界上土地荒漠化和土地沙化较为严重的国家之一；此外，我国还是盐碱土地化分布较广的国家，全国有近 20 个省份存在土地盐碱化问题。

这些土地生态安全问题不仅降低了我国乡村土地的生产力，导致粮食

---

① 资料来源于杨丽云 2019 年在荣胜村的实地考察。

② 郑银锋、马广钦：《我国土地生态安全机制构建》，《农业考古》2009 年第 3 期。

作物产量锐减，牲畜生存困难，还损害了土地表层的植被，破坏了土地表层的生态系统，影响生物存续的多样性。

（三）生物多样性安全

生物多样性是指包括动物、植物、微生物在内的所有生物与其生存环境所形成的生态复合体及生态复合体演变发展过程的总和。生物多样性安全是生态安全的组成部分，对生物多样性的保护有利于维护生态安全，然而，随着人口的增加和人们对经济增长的盲目追求，很多自然资源被过分开采，生态环境恶化，致使生物种类不断减少。目前，我国已建成几百个自然保护区，并开展了大量保护生物多样性的研究和活动，但由于人口的急剧增长，我国的生物多样性安全面临巨大挑战，主要表现为物种灭绝、遗传种质资源减少等，如“我国目前就有 4000 ~ 5000 种高等植物处于濒危或受威胁状态，占高等植物总数的 15% ~ 20%”。[①] 这些数据充分说明了我国生物多样性安全正在遭受严重威胁。

对于我国乡村地区来说，生物多样性安全存在以下问题。

第一，农作物种类减少。一方面为了便于管理，单一作物的种植方式被越来越多的乡民采纳；另一方面为了追求高产，人们引进和种植外来农作物品种，本地农作物品种种植规模缩减。如新疆若羌县自 2001 年推广种植从内地省份引进来的红枣后，红枣逐渐替代当地传统的农作物如小麦、玉米、棉花、甜瓜等。[②]

第二，森林面积减少。在乡村地区乱砍滥伐、毁林开荒、纵火烧林等破坏森林的现象较多，使乡村森林覆盖率降低，进而影响乡村地区的整个生态系统。我国是一个人口大国，也是农业大国，人多地少的矛盾较为突出。在很长一段时间内，一些农民为了扩大自家的耕地面积，便私自在山地上砍伐树木，进而开垦荒地用于农业生产。尽管这种行为补充了家庭的生计资本，但从长远来看，这种行为不利于农民的可持续发展，这是因为新开垦的荒地通常土质较差，收成欠佳。同时，毁林开荒会造成水土流失，尤其是对于山区农业来说，这种行为会进一步加剧山区的生态脆弱性，会给当地的农业生产威胁。

---

① 国政、臧润国：《国外濒危野生植物保护模式的研究与借鉴》，《广东农业科学》2012 年第 22 期，第 230 页。

② 资料来源于杨丽云 2017 年在若羌县的实地考察。

第三，草原面积减少。由于不合理地使用草场资源，我国的草原面临超载放牧、毁草开荒、鼠害等危害，这些危害导致草原面积的减少和草场质量的下降。如 2010 年 5 月内蒙古自治区 12 个盟市 27 个旗县暴发鼠害，其中，鼠害严重的地方一公顷的草原上就有 1400 多只老鼠，最终导致内蒙古草原遭受鼠害的面积达 9821.68 万亩，严重危害面积达 4245.96 万亩[①]，给当地的草场造成了严重损害。

第四，动物种类减少。动物种类减少的直接原因是动物栖息地遭到破坏。森林、河流等生态环境是动物赖以生存和繁衍的场所，一旦遭到破坏，生活于其间的动物的生存也会受到威胁。动物栖息地的破坏可能由自然灾害导致，进而带来动物种类的减少，如 2008 年汶川地震以及震后泥石流、滑坡等次生灾害的发生，给当地的生态系统造成了严重损害，导致 7 个两栖动物栖息点附近的森林遭到毁坏，约 15.2% 的两栖动物栖息地被破坏，给两栖动物的生存和发展带来了严重威胁。[②] 此外，人为因素如非法捕猎、虐待动物等也会造成动物种类减少。

二　引发乡村生态安全问题的原因

基于文本资料的分析和实地的考察，我国乡村生态安全问题产生的原因有以下五点。

第一，自然灾害的发生破坏生态环境。我国乡村是自然灾害频发且受自然灾害影响较重的地区，自然灾害的发生，除了阻碍乡村经济发展和文化的传承以外，还会给当地的生态环境造成压力甚至带来破坏。如气象灾害不利于农作物的生长发育，水文灾害会扰乱水系统和土地系统的平衡与完整，生物灾害会毁坏森林和草原，地震灾害会破坏地表植被乃至整个生态系统，等等。自然灾害给生态环境造成的损害有的是短期内无法恢复的，有的则是毁灭性的，它们都在不同程度上破坏生态系统的良性循环和存续发展。

第二，盲目扩展生计资本给生态环境造成压力。生态环境是人类生存和发展的基础。然而，乡村地区居民的生计方式大多是“靠山吃山、靠水

---

① 《内蒙古自治区近亿亩草原遭遇鼠害，涉及 27 个旗县区》，中国政府网，http：//www.gov.cn/gzdt/2010－05/30/content_1616608.htm，最后访问日期：2019 年 5 月 20 日。

② 《汶川震区两栖动物生存堪忧，15.2% 的栖息地遭破坏》，人民网，http：//politics.people.com.cn/n/2013/0913/c70731－22917843.html，最后访问日期：2019 年 5 月 20 日。

吃水”，一旦原本的生态环境不能满足他们的生计所需，人们就会向自然环境过度索求，如在不适宜耕种的山上开垦荒地、在草原上过度放牧等，这都是人们追求经济发展而损害生态环境的表现。

第三，乡民的不环保行为污染生态环境。一些乡民随地倾倒垃圾、随处排放生活污水、焚烧农作物秸秆、过度使用化肥和农药等行为，会污染区域或流域内的生态环境。我国农村的垃圾露天堆放现象严重，有的乡民习惯将垃圾倾倒在河中，一方面这些垃圾会堵塞河流，另一方面垃圾中的有害物质和滋生的细菌会污染河流，而被污染的河流又会污染沿岸的土壤和植被，且随着河流的远流，污染范围也会扩大，最终威胁流域范围内的生态安全。

第四，部分人的违法行为危害生态安全。纵火烧林，工厂向河流排放污水、向天空排放有毒气体等，都会危害到乡村的生态安全。做出这些违法行为的人有的是贪图一时玩乐，有的则是为了追求眼前的经济利益，但都是为了满足个人的欲望而牺牲环境的自私行为。

第五，基础设施建设会影响乡村生态安全。乡村常见的基础设施建设主要是开挖公路，公路的修建对乡村尤其是山区的生态环境破坏较为严重，具体来看，修建公路需要路基永久占地和施工期的临时用地，其中，路基永久占地会改变土地的原本功能，降低土地的生产力，而施工期的临时用地比如料场、搅拌场等则会对一定范围内的土壤结构和植被造成不同程度的破坏。

三　防治乡村生态安全问题的建议

在人类发展的历史长河中，古今中外不乏对乡村生态安全保护的案例，也不缺对各类自然灾害的防护经验。我国古代就强调人与自然的和谐共生，如我国西周时期颁布的《伐崇令》规定“毋坏屋，毋填井，毋伐树木，毋动六畜，有不如令者，死无赦”，这是我国古代较早保护水源、森林和动物的法令；战国时期荀子也发表过关于保护环境的言论：“草木荣华滋硕之时则斧斤不入山林，不夭其生，不绝其长也；鼋鼍、鱼鳖、鳅鳝孕别之时，罔罟、毒药不入泽，不夭其生，不绝其长也。”国外亦重视对生态环境的保护，如巴西建立环境仲裁院来调解各级机构及法人和自然人之间的环境保护争端，日本注重发展环保产业，等等，这些经验都可供我国学习和借鉴。

基于此，防治乡村生态安全问题的建议有以下几点。

第一，树立乡民的可持续发展观。可持续发展观是一种注重长远、持续发展的经济增长观念，它要求发展既满足当代人的需求，又不损害后代人的利益，而在影响乡村生态安全的问题中，开垦荒地、过度放牧等都是人们以牺牲环境为代价追求暂时经济利益的行为，不符合可持续发展的理念。因此，我们要在乡民中宣传和落实党中央关于科学发展、可持续发展的观念和精神，帮助他们转变错误的发展认知，正确处理经济发展与生态保护的关系。

第二，完善保护乡村生态安全的法律体系。造成生态环境脆弱、破坏生态环境的人为活动是引发乡村生态危机的重要原因，而人们之所以有恃无恐地破坏生态环境，一方面是因为保护乡村生态安全的法律体系薄弱，另一方面是因为乡村对破坏生态环境行为的处置较为懈怠。我国关于生态环境保护的法律很多，但专门针对乡村生态安全保护的法律法规较少，因此，应完善保护乡村生态安全的法律体系建设，并加大执法力度，严惩破坏生态环境的行为人。

第三，建立生态环境预警机制。“生态环境预警机制是对人类活动引起的生态系统退化与环境质量恶化进行预测，并提出及时的警告”①，依靠此机制，我们一方面可以观察生态环境的现状，另一方面可以关注它的发展态势，所获取的数据可为优化生态环境、平衡区域间的生态差异提供依据。我国可建立专门的乡村生态环境预警机制，及时掌握乡村生态环境情况，以预防和治理乡村生态安全问题。

第四，加强乡村环保设施建设。通过对乡村生态安全问题产生及原因进行分析，在乡村地区，排泄物和垃圾的正确处理方式对生态系统的良性循环有着举足轻重的作用，因此，我国要加强对乡村环保设施的建设。如对在乡村建立家庭和公共卫生间进行政策宣传和资金支持，建立废水回收和处理渠道，在道路两旁按需设立垃圾桶和垃圾站并及时进行清理。此外，还要向乡民宣讲垃圾的分类、回收和再利用等知识，从而避免这些垃圾污染水源、空气和土地。

第五，开展乡村生态环境保护。生态环境是水生态安全、土地生态安全和生物多样性安全的共同基础，只有生态环境良好，这三类生态安全才能得到保证。因此，要想解决乡村生态安全存在的问题，必须走保护生态

---

① 陈国阶、何锦峰：《生态环境预警的理论和方法探讨》，《重庆环境科学》1999 年第 4 期，第 8 页。

环境之路，这就要求乡民提高生态环境保护意识，鼓励乡民植树造林、退耕还林、退草还林、发展有机农业等。

第六，发展与生态环境良性互动的生产模式。生产是乡民的发展之本，而生态则是生产的立身之根，因此，要想实现人类长久的存续，必须发展与生态环境良性互动的生产模式。珠江三角洲地区的桑基鱼塘模式以及侗族的稻鱼鸭模式就是传统生产与地方特色生态环境互动共生的最好案例，这就给各地区如何结合地方性生态特色来发展经济提供了启示和借鉴。

第三节　乡村资源安全

资源安全是一个国家或地区可以持续、稳定、及时、足量和经济地获取所需自然资源的状态①，在国家安全中具有基础地位，是人类生存和社会发展的物质基础和财富源泉，乡村资源安全是乡村地区可持续发展的重要依据之一。

一　自然资源分类

自然资源是指自然界中能被人类用于生产和生活的物质和能量的总称，具有可用性、整体性、变化性、空间分布不均匀性和区域性等特点，包括水资源、土地资源、矿产资源、森林资源、野生动物资源和海洋资源等。

自然资源按照能否再生，划分为可再生资源和不可再生资源。可再生资源再生周期短，而不可再生资源，需要经过上百年乃至上亿年才能形成并沉积。但随着现代化建设进程加快，因人类不注意保护、过度取用资源等，一些原本可再生的资源，也有可能变成不可再生资源。也就是说，不仅不可再生资源的数量是有限的，可再生资源的数量也是有限的。

（一）可再生资源及其分类

可再生资源是指在现阶段自然界的特定条件下，通过自然力或人类活动

① 贺旋：《基于国家金属资源安全视角的城市矿产开发利用战略研究》，桂林理工大学，硕士学位论文，2015。

以某一增长率保持或增加蕴藏量的自然资源。可再生资源具有依靠种源保持或不间断扩大其储量且再生周期短的再生性以及虽然可不间断再生但不可无限使用的有限性，如太阳能、风能、地热能、水能等。其中，对乡村发展影响较大的可再生资源有土地资源、水资源、森林资源、草原资源等。

1. 土地资源

土地资源是指已经被人类利用或将能被人类利用的可供农、林、牧业或其他各行业利用的土地，是人类生存的基本资料。

我国国土辽阔，陆地国土面积有 960 万平方公里，土地资源总量丰富，利用类型齐全，“其中，耕地约 20 亿亩，约占全国总面积的 13.9%；林地 18.7 亿亩，约占 12.98%；草地 43 亿亩，约占 29.9%；宜农宜林荒地约 19.3 亿亩，约占 13.4%；内陆水域 4.3 亿亩，约占 2.9%；沙漠约占 7.4%；戈壁约占 5.9%；石质裸岩约占 4.8%；冰川与永久积雪约占 0.5% 等”。[①] 我国南北纬跨度大，地跨热带、亚热带、暖温带、中温带和寒温带，其中，亚热带、暖温带、中温带的土地面积合计约占全国土地总面积的 71.7%；东西跨度广，湿润地区的土地面积约占全国土地面积的 32.2%，半湿润地区的土地面积约占全国土地面积的 17.8%，半干旱地区的土地面积约占全国土地面积的 19.2%，干旱地区的土地面积约占全国土地面积的 30.8%。总的来说，我国地形条件复杂，山地、高原、丘陵、盆地、平原等各类地形交错分布，具有复杂多样的土地资源类型，区域差异明显。这为我国因地制宜全面发展农、林、牧、副、渔业生产提供了有利条件。

但我国乡村地区土地资源仍存在一些问题，具体表现在以下几点。

第一，人均耕地少。我国乡村地区土地资源的问题，主要是耕地和林地较少，后备土地资源不足，难利用土地多，人与耕地的矛盾突出。非农业用地逐年增加，人均耕地逐年减少，使土地的人口压力逐渐增大。[②]

第二，难以开发利用和质量不高的土地占比大。在我国国土总面积中，沙漠占 7.4%，戈壁占 5.9%，石质裸岩占 4.8%，冰川与永久积雪占 0.5%，加上居民点、道路占用的 8.3%，全国不能供农、林、牧业利用的土地约占全国土地面积的 26.9%。[③]

第三，水土流失严重。我国每年表土流失量在 50 亿吨以上，土壤的水

---

① 刘彦随：《土地综合研究与土地资源工程》，《资源科学》2015 年第 1 期。
② 刘彦随：《土地综合研究与土地资源工程》，《资源科学》2015 年第 1 期。
③ 刘彦随：《土地综合研究与土地资源工程》，《资源科学》2015 年第 1 期。

蚀和风蚀问题严重，需要治理的水土流失面积为356万平方公里。如河南省三门峡市域范围内的土地属于典型的黄土山体，土壤较贫瘠，植被覆盖度不高，湖滨区、陕州区、南部山区以及大的沟壑区水土流失较严重，重度及以上程度的水土流失面积占该市水土流失总面积的63.06%，境内水土流失面积约占黄河流域水土流失面积的53%。[①]

第四，荒漠化严重。土壤肥力可以通过人工措施和自然过程不断恢复，但人们对土地的不合理开发和利用，会使土壤肥力的流失，尤其是土地被污染会使土壤失去肥力和净化能力，或形成沙漠化，这些情况在短期内都不易恢复。内蒙古自治区鄂尔多斯市荒漠化土地面积为7.89万平方公里，占全市土地总面积的90.7%，沙化土地面积为5.41万平方公里，占全市土地总面积的62.1%，是全国荒漠化较为严重的地区之一。[②] 土地荒漠化不仅使生态环境恶化、自然灾害频发，而且严重阻碍经济社会的发展，是造成群众贫困的原因之一。

2. 水资源

水资源是指资利用或有可能被利用的水源，这个水源应具有足够的数量和合适的质量，并满足某一地方在一段时间内的利用需求。[③] 水资源是关系国家经济安全的重要战略资源，我国水资源时空分布不均，南北地区、冬夏季节差异大，我国一些地方面临着淡水资源严重紧缺的问题。长江流域是我国水资源径流量最大的地区，约占全国总径流量的37.8%，珠江及广东、广西沿海各河水资源径流量也较大，约占全国的17.3%，浙闽沿海各河水资源径流量约占全国的8.0%，西南地区及藏南各河水资源径流量占全国的8.5%左右。黄河流域水资源径流量仅占全国总径流量的1.9%。[④]

水资源短缺对农业生产影响很大，我国15亿亩耕地中有8.3亿亩为没有灌溉设施的干旱地。全国每年有3亿亩农田受旱，西北农牧区尚有4000万人口和3000万头牲畜饮水困难。2009年秋季开始，云南省发生自气象记录以来最严重的秋冬春连旱。截至2010年2月25日，云南全省有1379.7

① 《土地资源使用效率》，河北省政府网，http：//zrzy.hebei.gov.cn/heb/gk/kjxx/kpyd/101489821280049.html.，最后访问日期：2019年5月18日。

② 《沙漠有绿色就有希望　鄂尔多斯的治沙故事》，国家林业和草原局政府网，http：//www.forestry.gov.cn/main/72/content-1014116.html.，最后访问日期：2019年5月18日。

③ 孙萍萍：《实物型水资源资产核算研究》，河北工程大学，硕士学位论文，2017。

④ 张立成、董文江：《我国水资源与水质状况》，《环境工程》1984年第2期。

万人受不同程度的旱灾，596.9 万人、359.4 万头大牲畜饮水困难，331 万人因干旱造成生活困难需政府救助，秋冬播种农作物受灾面积达 85%以上，夏粮因旱灾减产 50%以上，林地受灾面积达 4300 多万亩，干旱造成全省农业直接经济损失超过 100 亿元。①

3. **森林资源**

森林资源是林地及其所生长的森林有机体的总称。森林资源是生物多样化发展的基础，不仅能够为人类生产和生活提供多种宝贵的木材，而且能够为人类经济生活提供多种原材料，能够调节气候、涵养水源、保持水土、防风固沙、防止和减轻旱涝等自然灾害，具有净化空气、改善土壤、消除噪声等功能。同时，森林还是天然的动植物生存发展的空间，除了有各种飞禽走兽，还生长着多种珍贵林木和药材，可产生经济效益、生态效益、社会效益，是地球上最重要的资源之一。

森林资源安全是为满足国家或地区生态防护和国民经济建设需求的具有合理结构的最低森林资源量。② 目前，我国森林资源生态保护面临巨大的压力和挑战，森林资源总量相对不足、质量不高和分布不均，森林覆盖率远低于 31%的世界平均水平。森林生态系统脆弱，水土流失严重，而荒漠化不断扩展，草地退化、沙化和碱化面积逐年增加，导致生物多样性遭到严重破坏。③

我国山区面积大，而山区多属江河上游或是平原农区的屏障，对于从总体上改善生态环境、涵养水源、庇护农田和草场都有至关重要的作用。因此，关注森林资源安全显得尤为重要。但我国森林资源面临着巨大的压力和挑战，主要表现在以下几点。

第一，我国森林资源的地理分布极不均衡。具体来看，东北林区总面积约为 60 万平方公里，约占全国土地面积的 6.25%；西南高山林区面积为 94 万平方公里，约占全国土地面积的 9.8%；南方低山丘陵林区总面积为 113.5 万平方公里，约占全国土地面积的 11.8%；西北山地林区总面积为 8.77 万平方公里，约占全国土地总面积的 0.9%。④

---

① 《云南极有可能出现四季连旱 缺粮人数达 700 余万》，新浪网，http://news.sina.com.cn/c/2010-03-19/082319897252.shtml.，最后访问日期：2019 年 5 月 18 日。

② 王锐：《黑龙江省国有林区森林资源安全问题研究》，东北林业大学，硕士学位论文，2013。

③ 张晓晴、郭秋菊等：《中国森林资源可持续发展的环境法制保障现状分析》，《教育教学论坛》2016 年第 7 期。

④ 程富海、计文学等：《浅谈森林资源的特征》，《林业科技情报》2002 年第 4 期。

第二，各类建设擅自占用林地现象严重，局部地区毁林开垦问题依然突出。某高速公路为加快施工进度，确保如期全线通车，施工单位在未经得林业部门批准的情况下，擅自占用林地用于项目建设。经林业部门鉴定，该高速公路项目非法占用林地，占用各类林地达 82.7909 公顷，其中“红线内”林地为 37.0793 公顷、“红线外”为林地 45.7116 公顷，大片林地被非法占用并遭到毁损，严重破坏了当地林区秩序和林地生态安全。

第三，森林资源结构不够合理。我国森林每公顷蓄积量只有世界平均水平的 69%，人工林每公顷蓄积量仅 52.76 立方米；林木平均胸径仅 13.6 厘米；龄组结构不合理，中幼龄林面积比例达 65%[①]；经济林、防护林、薪炭林的占比较低，实际可利用的森林资源少，其中，大径材林木和珍贵用材树种更少，木材安全形势严峻。

4. 草地资源

草地资源是指草原、草山及其他一切草类资源的总称，包括野生草类和人工种植的草类。具有分布广、结构完整、资源演变不可逆、资源量有限和生产潜力无限等特性。我国草场分为以畜牧业为主的西北牧区，以及以种植业为主、草场与耕地、林地交错分布的东南农区。草地资源是发展畜牧业的重要经济资源，是我国牧区、半牧区人民赖以生存的基础，同时草地还具有重要的生态保护功能。[②]

但从全国草地资源及其利用来看，存在以下几个问题。

第一，天然草场面积大，优质草场比例不高。我国草场中牧草适口性好、产草量和营养价值高的草甸和草原草场仅占 21%，且半数以上分布在高海拔地区，不利于开发利用；地处内陆干旱地区的荒漠草场占 27%；南方的草丛草场虽草丛高大，产草量高，但花期较短，营养成分和适口性随之降低，耐牧性较低。[③]

第二，草场资源季节性不平衡。我国草场普遍存在冬春季牧草不足的现象，主要表现为牧场面积、牧草生长、牧草营养、草场载畜能力的季节性不平衡方面。北方牧民遵循天然草场“冬暖、夏凉、春水、秋草”等自然规律，随季节更替，由山上至山下，再由山下至山上，轮换放牧。这种

---

① 国家林业局：《第八次全国森林资源清查结果》，《林业资源管理》2014 年第 1 期。

② 张朝晖：《新源县畜牧资源利用的供需平衡分析》，新疆农业大学，硕士学位论文，2014。

③ 鲁春霞、谢高地等：《中国草地资源利用：生产功能与生态功能的冲突与协调》，《自然资源学报》2009 年第 10 期。

靠天养畜的情况导致广大牧区普遍存在家畜“夏壮、秋肥、冬瘦、春死”的情况，这是畜牧业发展面临的突出问题。[①]

第三，草原牧区土地生产力低。我国西部牧区面积约占国土总面积的一半，但平均每亩草场仅产肉0.15千克，不仅生产力低，而且过牧超载导致草原退化与土地沙化。2008年，受到金融危机的影响，国际市场上的羊毛绒价格从2007年的每吨70万元人民币降到了2009年的每吨45万元人民币，跌幅近36%。2000年，羊绒每斤200元，每只优质绒山羊可带来毛利润100元，普通牧民家庭养200只羊，毛收入仅2万元，为了获利更多，牧民只好增加羊的数量。另外，产羊绒的种羊品种更替导致羊绒质量整体下降，小企业以低价收购品质差的羊绒生产低端的羊绒制品，但即便金融危机过去，低品质的羊绒制品也卖不出高价钱，这使得扩大养羊总量以提高收入的恶性循环加剧，最终导致草原过度放牧，引发草场沙化。[②]

（二）不可再生资源及其分类

不可再生资源是指不能重复利用，在相当长的时间内不可自然形成或产生的物质资源。它包括自然界的各种金属矿物、非金属矿物、岩石、固体燃料、液体燃料、气体燃料等[③]，如天然气、石油、煤矿、铁矿等矿产资源。远古时期，成矿期均以亿年计算，以铁矿为例，铁元素聚集成具有工业利用价值的矿床是一个漫长的过程，人类现在可开采的矿床多形成于距今26亿～30亿年的太古时代。与此相反，人类开采、消耗矿物却十分快速，矿区的开采期仅为数十年。由此可见不可再生资源的有限性。[④]

我国能源矿产资源种类齐全、储量丰富、分布广泛，各类矿物能源在一次能源消费中占主导地位，对国民经济和社会发展具有重要的战略意义。[⑤] 基于乡村的地理位置和生产生活特点，对乡村发展影响大的不可再生资源主要是石油、煤炭和天然气资源。

---

① 王前程、吴启发等：《安庆市草场资源及其利用的探讨》，载《2009中国草原发展论坛论文集》，安庆市畜牧局，2009。

② 张克强：《中国纺织工业发展报告（2008—2009）》，中国纺织出版社，2009。

③ 张文秋、戴继勇等：《我国再生资源标准现状分析》，《品牌与标准化》2011年第20期。

④ 武庆山：《中国石化企业跨国并购研究》，复旦大学，硕士学位论文，2006。

⑤ 曹樱：《科学技术在自然演化态向人类生存环境引入中的作用探析》，东北大学，硕士学位论文，2009。

1. **石油资源**

石油是由古代沉积盆地或浅海和湖泊底部沉积物中的大量生物有机物质经过亿万年的地质变化及一系列的物理化学变化，储藏在封闭构造岩层中的油滴。

石油是工业的血液，是现代工业文明的基础，是人类赖以生存与发展的重要能源之一。日常生活中的饮料瓶和食品塑料包装袋及购物袋、农用化肥、各种各样的洗涤用品、车辆行驶消耗的燃料、飞机航行必需的航空煤油、代替木材的新型建筑材料、大量用于道路铺设的沥青等与人类衣食住行方面息息相关的领域均有石油化工产品的身影。

石油在我国的储量不仅不丰富，而且面临枯竭的危险，此外，石油的开采还会对当地的生态环境造成破坏。以甘肃省某地为例来说，该地地处鄂尔多斯盆地，拥有丰富的石油资源，但由于石油资源深埋于地下，开发时需要在地表勘探、钻井，建设井场、修建公路，建设转油站、注水站、变电站等地面配套设施建设等，会因砍伐森林而毁坏植被使土地裸露等，而钻一口油井所开的井场占地 7 ~ 12 亩，大面积优质耕地被硬化作为化工厂、生活区等，不仅改变了土地的利用方式，而且使土地的肥力大不如前，也对植被、地表等造成不同程度的破坏。此外，石油开采过程中产生的落地油、油污泥、钻井废水、石油废水等对当地水资源和生态环境也造成了严重的污染。石油基地境内的环江河“河面都漂着油花花”，地下水水质也不同程度地发生了变化。同时，化工厂等排放的废气对当地的空气质量也造成了巨大的影响，空气中飘浮着粉尘，严重破坏了当地的生态环境。①

2. **煤炭资源**

煤炭是一种黑色或棕黑色固体可燃化石燃料，古代植物或动物遗体在腐败分解之前被埋藏在地下经历复杂的变化，再经过地壳运动等形成碳化化石矿物。

煤炭是能源资源，因分布广泛，容易开采，主要用于生产电能或光热能。随着蒸汽机的发明和使用，煤炭被广泛地用作工业燃料，例如用于生产精炼金属、生产化肥和许多化工产品等，推动了工业的发展。地质工作者调查发现，在距地表以下 2000 米深的地壳表层范围内，我国的煤炭资源

---

① 徐黎丽、朱璧莹：《石油资源枯竭后的村庄生计转型研究——以长庆油田所在地甘肃省××县×××村为例》，《地域文化研究》2017 年第 1 期。

储备总量达50592亿吨，与世界探明可采储量相比，我国煤炭储量居世界第三位。

目前，我国的煤矿开采过程中存在以下安全问题。

第一，不重视矿区居民生活环境，对乡村地区水资源、土地资源污染严重。某省某地工业区的一些企业直接将矿洞里的污水排到长达20公里的河中，河水污染非常严重。沿途村庄的农田灌溉用水基本都来自这条河，河中各种农药、化肥、重金属、有毒有害化工污染物，又通过粮食、蔬菜、水果、鱼类、肉类、中草药等，进入人的身体。数十年间，村里不断有人或患上癌症，或因癌症去世，不仅患癌的人多，而且患者的平均年龄也较低，三年间因肺癌死亡39人，占该村死亡人口的43%，该村也因此被称作“癌症村”。

第二，许多黑煤矿安全措施不达标，所造成多起的矿难威胁矿井工人生命安全。甘肃某县蒋某经人介绍到山西某地一使用简陋且危险的黑煤矿做三轮车司机，在井下作业时被倒塌的棚架砸折左臂，包工头将其送入医疗条件差的医院进行救治，该医院及山西省人民医院、武警医院均建议其及时前往北京积水潭医院进行救治，但包工头拒绝为蒋某转院治疗，致使蒋某神经损伤无法得到及时有效的医治，如今左手功能丧失。

3. 天然气资源

天然气是指自然界中天然存在于大气圈、水圈和岩石圈中，经过各种自然过程而形成的油田气、气田气、泥火山气、煤层气和生物生成气等，具有无色、无味、无毒的特性。①

天然气（包括沼气）是重要的能源资源之一，可制造炭黑、化学药品和液化石油气，是优质的燃料和化工原料，也是国内外很有发展前景的一种清洁能源。我国天然气资源储量丰富，在石油盆地和煤炭盆地中均有产出。

目前，我国天然气的使用现状及问题表现为：第一，天然气消费量高。2014年，我国全年共进口天然气607.5亿立方米，同比增加71.7亿立方米；天然气表观消费量（不含煤制气）1830亿立方米，同比增长8.2%。②第二，天然气引发事故。天然气比空气轻而容易发散本质上对人体无害，

---

① 黄艳：《我国天然气供应安全指数构建及应用》，暨南大学，硕士学位论文，2015。

② 王占黎、单蕾：《中国天然气行业2014年发展与2015年展望》，《国际石油经济》2015年第6期。

但当天然气在封闭环境聚集处于高浓度的状态时，就会引发爆炸，爆炸可能会夷平整座房屋，甚至殃及邻近的建筑。第三，农村的液化气使用存在安全隐患。液化天然气因便于储存和运输、间接投资少而被广泛地应用于乡村地区，但由于压缩天然气的压力高，使用时有很多安全隐患。大部分乡村地区不限制燃放烟花爆竹，且有许多使用明火的情况，再加上远离城区疏于管理，缺少甚至没有灭火器等灭火装置，安全隐患巨大。

二　引发乡村资源安全问题的原因

影响乡村资源安全的因素很多，归纳起来主要有以下四个方面。

第一，资源本身是影响乡村资源安全最基本、最直接和最重要的因素。比如森林资源结构不合理；优质草场比例不高；石油、煤炭和天然气等资源总量有限、区域时空分布不均、恢复周期慢、富矿少贫矿多；一些质量较差的土地需要大量投资、大力开垦后才能使用，而乡村地区大多较偏远，资金不足、交通不便，不利于土地资源的恢复和发展。[①]

第二，资源使用率不高。许多土地在工业化过程中被硬化，废弃后不会被重新垦殖利用；森林资源利用效率不高，乱砍滥伐造成森林浪费；油田在开发过程中，漏油、溢油等情况多发，不仅造成石油资源的巨大的浪费，而且还会污染土地。

第三，资源的过度开发。无论可再生资源还是不可再生资源都经不起无节制的、掠夺式的开采。如过度垦殖会引起水土流失及土地荒漠化；过度开采地下水会导致地面塌陷，不仅使水资源总量减少而且会污染水资源；乱砍滥伐树木会引起森林资源枯竭，现已有可采森林资源基本枯竭的案例；过度放牧会引起草场退化，土地沙化；过度开采石油、煤炭、天然气等不可再生资源导致资源断层无法进行可持续更新。

第四，资源安全防护意识差。在资源的开发和使用过程中，若忽略区域发展的条件，会带来生态环境恶化、耕地退化、水资源盐碱化等问题。资源安全防护意识差包括三个层面：地方政府资源安全防护意识差，对有毒有害物质排放等现象监管不力，导致生态环境受到污染；企业资源安全防护意识差，使员工在资源开采中生命安全受到威胁；居民资源安全防护

---

① 王礼茂：《资源安全的影响因素与评估指标》，《自然资源学报》2002 年第 4 期。

意识差，缺乏日常防范意识，导致天然气泄漏等事故频发。

三　防治乡村资源安全问题的建议

基于以上分析，提出以下关于防治乡村资源安全问题的建议。

第一，合理开发资源。在资源开采过程中，乡村地区的政府与企业应该秉承可持续发展的理念，考虑当代人和后代人的共同利益，并做出合理的分配，如政府在现代化建设中，应在保证土地基本总量的基础上发展工业，不可肆意违占耕地；对于水资源分布不均问题，政府通过“南水北调”等科学工程进行有效解决；在砍伐树木的同时种植树木，可以保证树木生长结构不断层；改良草场，建设人工、半人工草场，通过开辟水源、消除毒草、建立科学的放牧管理制度、规定合理的载畜量，合理开发利用南方草山草坡以缓解北方草场的畜牧压力；对于石油、煤炭等不可再生资源的开发相关企业更要注重保护生态环境，进行合理开发、合理利用。

第二，有效利用资源。具体而言，土地资源利用应做到因地制宜，虽然一些在我们看来不适合某种作物生长的土地，却有可能是其他作物的最佳生长环境，应根据实际情况调整作物种植结构；一些高耗水的行业可通过使用节水器等措施，将有限的水资源进行有效利用，防止浪费；在矿产资源开采过程中，应及时更新技术，尽量减少对资源的浪费。

第三，政府部门应积极主导资源环境治理。如通过兴修水利工程、植树造林、退耕还林还草等措施治理水土流失、恢复生态系统；通过大范围污染治理改善生态环境；石油作为不可再生资源，政府应及时协同居民尽早完成产业转型，对于民间自发转型行业给予相应的支持。同时，还应建立相应的应急措施，在发生安全事件时，可在最快时间内进行处理，将风险降到最低。

第四，明确部门职责，加大监管力度。相关部门应该对资源利用进行有力监管，不要在问题发生时互相推脱，导致事态严重。还要尽可能防止违占土地、污染水源、乱砍滥伐、过度放牧、不可再生资源的掠夺式开采等事件的发生。

第五，科学发展。支持科研人员进行科学研发，对难以利用的资源进行改造使用；不断更新净化器技术，有效净化受污染的水资源；对森林资源进行科学规划，保证开采与种植同时进行；不断更新先进的矿产资源开采设备及技术等。

第四节 乡村食品安全

我国是一个拥有悠久农耕文明和众多农业人口的农业大国，自古就有“国以民为本，民以食为天，食以粮为先”的说法。2013 年 12 月 23 日至 24 日，习近平总书记在中央农村工作会议上提到“洪范八政，食为政首”，并指出能不能在食品安全上给老百姓一个满意的交代是对执政能力的重大考验。[①] 并强调食品安全，是“管”出来的。由此可见食品安全之于国家的重要性。

食品安全是指食品无毒无害，符合应当有的营养要求，对人体健康不造成任何急性、亚急性或者慢性危害。[②] “食品既是关系国计民生和国家经济安全的重要战略物资，也是人民群众最基本的生活资料”。[③] “一个国家的基本物质保障包括食品的供应充足和食品的整体安全性”。[④] 随着经济社会的发展和人民生活水平的不断提高，人们对于食物的要求不仅是数量充足，而且体现在对食品的营养、保健和食品安全等方面的要求。食品安全越来越受到人们的关注，食品是否安全卫生、是否对人体有害已成为当前食品行业和农业十分重视的话题。

一 乡村食品安全问题及其分类

乡村地区存在的食品安全问题可从生产环节和消费环节来看。乡村地区的食品安全问题之所以不容忽视，是因为它不仅关乎众多乡村人口在消费环节的食品安全问题，更重要的是食品生产环节的安全问题对整个社会都会产生巨大的影响。

---

① 王德芬、李清等：《我国水生动物防疫工作现状、存在问题及对策建议》，《中国水产》2014 年第 12 期。

② 《中华人民共和国食品安全法实施条例》，《口腔护理用品工业》2019 年第 6 期。

③ 马丽：《粮食主产区发展中的财税制度约束及发展思路——一个文献综述》，《现代商业》2017 年第 34 期。

④ 艾丹：《农药残留对食品安全的影响及对策》，《食品安全导刊》2016 年第 27 期。

（一）生产环节

农村土地的基本功能是生产功能，主要生产包括粮食、蔬菜等人类生存所必需的基本农产品。目前，在生产环节，乡村的食品安全问题表现为以下几点。

1. 粮食不足

1974 年联合国粮农组织提出，粮食安全是指保证任何人在任何时候既能买得到又能买得起为维持生存和健康所必需的足够食品。[①] 1996 年，我国领导人在世界粮食安全首脑会议上阐述了粮食安全定义，即“只有当所有人在任何时候都能够在物质上和经济上获得足够、安全和富有营养的粮食，来满足其积极和健康生活的膳食需要及食物喜好时，才实现了粮食安全。”[②] 粮食安全的第一要义就是保证粮食产量的充足。这与社会的和谐、政治的稳定、经济的持续发展息息相关，也是全面建设社会主义新农村的需要。

与粮食安全相对的概念是粮食危机，“它是指全球性的粮食短缺、产量锐减、价格涨幅过快造成的粮食恐慌与危机。”[③] 粮农组织发布的《粮食不安全状况 2014》报告指出，“世界饥饿人口已达 10.2 亿，创历史最高水平。此外，一部分人还面临着维生素缺乏、营养不足和其他形式营养不良的人，受粮食困扰的人可能接近 30 亿——约占世界总人口的一半。”

我国人均耕地面积仅为世界平均数的 30%，耕地面积占世界耕地面积的 10%但需要养活世界 22%的人口。作为粮食生产大国和人口大国，“中国的粮食经历了出口到进口的历程，2002 ~2015 年，我国的粮食进口量增长了 780%”。[④]

历史上曾多次发生因粮食短缺造成的社会性安全事件。如 1942 年 7 月至 1943 年，河南小麦大幅度减产，粮食收成不足常年的 1/3，一些地区甚至绝产。随后又遭遇蝗灾，加之又是抗战期间，农民的余粮严重缺乏，以野菜、草根、树叶、树皮等为食，后来野菜、草根几乎被挖完，树叶、树皮几乎被剥光，灾民开始大量死亡。

2. 农药残留

农药是农业生产活动中重要的技术手段和生产资料之一，在防治病虫

---

① 艾丹：《农药残留对食品安全的影响及对策》，《食品安全导刊》2016 年第 27 期。

② 杨卫路：《我国粮食安全的若干问题》，《粮食与油脂》2001 年第 11 期。

③ 方略：《粮食危机离我们有多远》，《粮食科技与经济》2018 年第 2 期。

④ 方略：《粮食危机离我们有多远》，《粮食科技与经济》2018 年第 2 期。

害、提高农产品产量等方面发挥着举足轻重的作用。农药属于化学制剂，会在自然中发生降解，这个时间称为半衰期，如果半衰期超过一定的时间，农药就会高浓度残留在农作物上。因此，在农药的使用中，安全间隔期非常重要。安全间隔期是指最后一次施用农药的时间到农产品收获时相隔的天数，可保证收获农产品的农药残留量不会超过国家规定的标准。不同农药或同一种农药施用在不同作物上的安全间隔期不一样，如阿维菌素用于柑橘的安全间隔期是 14 天，而用于黄瓜的安全间隔期则为 2 天。

农药残留是指在农业生产中施用农药后，一部分微量农药和有毒的代谢物直接或间接残存于作物、土壤和水体中的现象。[①] 作物中农药残留量的大小与施药次数、施药浓度、施药时间和施药方法以及植物的种类等有关。一般施药次数越多、间隔时间越短、施药浓度越大，作物中的药物残留量越大。另外，为防止粮食、水果、蔬菜等食品在贮存期间产生病虫害而施用的农药，如粮食用杀虫剂，香蕉和柑橘用杀菌剂，洋葱、土豆、大蒜用抑芽剂等，也会造成食品农药残留。[②]

此外，农作物施用农药时，农药可残留在土壤中，有些性质稳定的农药，在土壤中可残留数十年。据估计农药喷施后，大约有 30% 附在农作物表面，其余 70% 则落入土壤、水源、大气中，其微粒可随空气飘移至他处，从而污染食品和水源。而这些环境中残存的农药又会被作物或生物吸收并高浓度储存于体内，再通过食物链转移至另一生物体内，经过食物链的逐级富集后，进入人体的农药残留量成千倍甚至上万倍的增加。如禽畜摄入被农药污染的饲料并富集于体内，农药残留物可随乳汁、蛋类等食品进入人体。另外，通过食物链与生物富集效应累积等形成的农药残留，再通过对作物间接污染，会造成食品间接污染。[③] 我国大约有 2 亿亩耕地在利用上存在食品安全问题，其中有 5000 多万亩受到重金属等的中重度污染，超标率为 16.1% 。这些在土壤中积累的重金属最终又被农作物吸收，产出的粮食果蔬带着残留的重金属进入日常人家的餐桌。[④]

农药残留的危害有以下几点。

第一，影响农产品质量和销售。我国是世界上的蔬菜生产大国，除规

---

① 丁晓雯、柳春红：《食品安全学》，中国农业大学出版社，2011。

② 陈长宏、陈环等：《食品农药残留污染及预防》，《现代农业科技》2012 年第 4 期。

③ 陈长宏、陈环等：《食品农药残留污染及预防》，《现代农业科技》2012 年第 4 期。

④ 陈长宏、陈环等：《食品农药残留污染及预防》，《现代农业科技》2012 年第 4 期。

模化的蔬菜基地外，全国还有超过5000万户从事商品蔬菜生产的散户菜农，且生产规模小于5亩地的菜农占比达98%左右。散户小农因没有现代化设施等条件，且蔬菜种植易受气候与土壤等因素的影响，病虫害易发。因此，喷洒农药是散户菜农普遍采取的防止虫害的重要手段之一。在保障粮食收成，追求利益最大化的过程中，国家禁止的高毒及允许使用的农药被大量使用或不当使用，导致农副产品的质量和食品的安全性出现问题。[①] 2010年初，武汉市农业局在抽检中发现来自海南省英洲镇和崖城镇的5个豇豆样品水胺硫磷农药残留量超标，相关部门又在广州、深圳、杭州等地发现海南豇豆残留高毒禁用农药。三亚市崖城镇是海南的一个豇豆主产区，崖城镇有大大小小近200家农药店，被明令禁止的高毒农药在当地很多药店都买得到。此食品安全事件导致海南豇豆滞销，每斤价格下滑跌破1元，致使当地农民、代购商和外省货商遭受巨大损失。

第二，危害消费者健康。农药残留在人体内长期蓄积滞留会降低人体免疫力、诱发多种慢性病症、致癌、致畸形、导致胃肠道疾病、慢性中毒等，严重危害人体健康。农药本身固有的化学属性，以及农民对农药的认识不足，使得由农药残留引起的食品安全事故屡屡发生，给民众的身体健康造成了极大的威胁。

3. 盲从种植

目前我国农业生产仍以分散经营为主。个体农户很难及时获得准确的市场需求信息和科学的分析指导，只是凭借经验和不完整的碎片信息，在种植时依赖上一年价格状况，决定下一年生产的品种和数量。价格上涨时种植农户会盲目扩大规模，导致农产品供过于求，价格暴跌。随后又因价格暴跌而选择种植其他农产品，又导致原来种植的农产品供不应求，价格暴涨。近年来还出现一些投机的农民，他们发现市场上某些农产品价格高有利可图，就通过贷款方式筹钱到农村大规模包地种植某种农产品，使此类农产品供过于求，从而造成农产品价格剧烈波动，使种植农户损失巨大，同时也对消费者造成巨大的影响。此外，一些市场的投机分子手握重金，在充分了解农产品种植周期的情况下，大量囤货，并控制供给，从而抬高农产品价格，扰乱农产品市场秩序。

---

① 艾丹：《农药残留对食品安全的影响及对策》，《食品安全导刊》2016年第27期。

（二）消费环节

随着农业生产力水平、农村市场经济的发展和农民生活水平的不断提高，农村消费需求越来越多样。农村消费市场是社会主义市场经济体系的重要组成部分，在国民经济，特别是农业经济发展中占有极其重要的地位。[①]

但因农村地域广阔、监管力量不足，农村市场假冒伪劣食品、过期食品、来源不明食品对农村消费者的生命健康造成巨大伤害。农村在食品消费环节存在的食品安全问题主要有以下几点。

1. 假冒伪劣食品

农村居民的收入不仅要用于生活消费，而且要用于生产投资，受低收入水平、未来收支不确定性及流动性约束等影响，农村消费者以追求实用为主，近年来，随着农村居民收入不断提高、农村消费环境不断改善，农村消费市场随之悄然升温，一些不法商贩对广阔的农村市场觊觎已久，纷纷踏足或准备进入农村市场，于是，农村出现了大量“假冒伪劣”食品。

假冒伪劣食品是指掺杂掺假、以假充真、以次充好、以不合格食品冒充合格食品四种情形。假冒产品是指使用不真实的厂址和厂名、产品名称和标识以及商标等能够使消费者和客户误以为是正版的产品；伪劣产品是指失去使用性能或质量低劣的产品。[②]

大量“远看是名牌，近看是山寨”的食品在农村集贸市场、商店等场所出售。这些山寨产品的生产环境、原材料、添加剂，包装均不符合国家标准。山寨产品生产完成后，通过模仿其他品牌包装、设计及代言人，达到以假乱真的目的。乡村中低收入消费群体居多，且缺乏对假货的辨别力，他们花了同样的价钱买到的却是“六大核桃”“旺好牛仔”“承德杏仁露”“豆中豆”“康帅傅”“雷碧”等山寨产品，而大多数消费者并不知道自己买的是山寨产品，受到严重的欺骗。山东省某小县城里生产山寨饮料的工厂有10多家，消毒池、空气净化器等设备成为摆设，常规操作中的密封环境仅用于应付检查，实际生产中违规操作。此外，市场上一些所谓的核桃露、杏仁露其实并不含核桃、杏仁原料，一些厂家为了省钱，多添加香精、

① 李杰人：《中国水产养殖业的现状及展望》，《饲料广角》2002年第4期。

② 樊永华：《假冒伪劣食品爱“下乡”的成因分析及对策》，《新农业》2016年第11期。

安赛蜜、阿斯巴甜、甜蜜素等制成味道相似的饮品。据相关工作人员透露1吨核桃酱7万多元成本，而1吨花生酱则只需要1.2万元成本。核桃的味道靠的是核桃香精，一罐料汁能生产出8000瓶“核桃花生”。

2. **过期食品**

保质期通常指预包装食品在标签指明的贮存条件下，保持品质的期限。在此期限内，保持标签中不必说明或已经说明的特有品质。因此，食品的保质期不仅涉及时间期限，还与储存环境有关。

食品过期变质后，会产生大量真菌或细菌，其中包含很多致病菌，食用可能造成危害，如沙门氏菌、大肠杆菌中毒、黄曲霉毒素、亚硝胺等。①

农村人口较少、商品流动性不强、售卖者及消费者安全防护意识差，导致农村地区存在继续售卖过期食品的现象，对农村消费者的健康造成威胁。2013年3月25日，云南省某地村内举办喜宴后，很多村民出现拉肚子、呕吐、头昏等症状。经了解，是喜宴中的鹌鹑蛋存放时间过长变质，造成村民食物中毒。

此外，一些唯利是图的商家明知食品已经过期，却通过改变生产日期或重新返厂换包装等方法，使这些食品摇身一变成为“永不过期食品”。2013年5月底，湖南某食品厂用“药水”将已印好的生产日期涂掉，不论是塑料袋、铝罐或者纸盒上使用油墨标示的生产日期基本上都能被此种“药水”涂抹干净，厂家再购买打码机，喷码机、重新印刷生产日期，这些信息在3年之内都可以任意调整。后因该两名女工未佩戴手套，在涂改生产日期的过程中手遭“药水”腐蚀，出现大片水泡，随后因治疗等问题与厂方发生纠纷，致使事情败露。②

3. **来源不明食品**

农村地区消费者因信息相对闭塞、安全防护意识较弱等容易被不法分子欺骗。一些不符合食品安全标准、没有食品质量安全标志、包装印刷粗糙、生产批号以及可食用日期模糊等来源不明的食品，因价格低廉在农村市场销量非常大。“五毛食品”在农村地区备受青睐，但这些来源不明的食品中添加剂不是天然的食品成分，过多的食品添加剂会导致人体出现急、慢性中毒等问题，严重的甚至会致癌，长期过度食用添加剂超标的食品会

---

① 徐引弟：《禽大肠杆菌病与沙门氏菌病：流行病学、病原、诊断、防治和公共健康的关注上十分近似》，《国外畜牧学（猪与禽）》2011年第1期。

② 苏晓洲、张淼淼：《揭开食品保质期“黑幕”》，《中国品牌与防伪》2011年第9期。

危害人体肝脏及神经系统，对代谢排毒能力较弱的小孩危害更明显。

一些明令被要求销毁的来源不明的食物非法流入农村市场，对农村消费者造成伤害。病死猪肉中含有大量的病毒细菌和传染病源，即使居民将猪肉已经进行了高温蒸煮，也难以将许多病菌杀死，这些病毒可能导致人体患病。另外，死猪肉中携带人畜共患的病原体与寄生虫进入人体，会长期潜伏不易察觉，对身体造成非常大的危害。理论上说，病死猪要埋入至少 7 米的深坑中才比较安全，而且还要在坑底和猪身上铺生石灰，以免造成土壤和水污染，并且需要有防疫员定期监督。然而在农村，病死猪肉因为价格便宜，仍然在市场上被人售卖，可见，监管不足使农村市场深受其害。

此外，农村仍然大量存在采集野生食物食用的现象，野生食物也属于来源不明的食品，因人们对野生食物的认识不足，在判断野生食物是否能够安全食用上也会存在疏漏，从而给人们的生命安全造成危害。2017 年 6 月，云南某地三天内发生两起野生菌中毒事件引起了人们的重视。第一起发生在 25 日，某陆姓村民家全家 8 人食用自采的野生菌后全部中毒。27 日，当地陈某一家三口发生食用野生菌中毒事件，这两起事件共造成 11 人中毒，其中 4 人不幸死亡。

二　引发乡村食品安全问题的原因

通过上文分析，可知农村地区食品安全中存在诸多问题，那么引起这一系列安全问题的原因有哪些呢？

第一，农村土地利用方式不合理。随着农村劳动力大量转移，农村的劳动力质量结构性下降，且农业兼业化状况增多，许多出去务工的人觉得在外挣钱更容易而不愿再回归务农，加之化肥、种子等农资价格上涨幅度高于粮价上涨幅度，种粮收益越来越低，从而导致大量土地被闲置浪费，抛荒的现象严重。同时，我国特殊的土地分配方式使得农户的耕地具有分散和细碎的特点，而我国区域资源差异大，地形地貌复杂，传统农业的人畜耕作方式和以家庭为单位的小规模经营加剧了土地利用的碎片化状况，这些都会导致我国的粮食产量下降。

第二，农业的生产资源受污染严重。农业的生产资源主要包括水资源和耕地资源，而环境污染导致我国中低产田比例较大，占耕地总面积的 70%，质量退化的耕地占耕地总面积的 40% 以上，耕地污染超标率达到

19.4%。南方地表水富营养化、北方地下水酸化污染，西北耕地农膜残留，都表明我国农业生产资源因污染而生产力下降。农业生产力下降，一方面影响农产品的产量增加，另一方面受到污染的农产品也会携带不利于人体健康的成分。

第三，不安全不合理的农业用药。农民的生产活动自主性较高、随意性大，在农药的使用上不规范，容易错误用药。而农产品来源广泛，抽检率低，只能检出部分残留超标的农产品，且没有职能部门监管农民的用药行为，无法实现规模化防治。

第四，农民食品安全防护意识缺乏。作为食品生产环节和消费环节的主要参与者，农民收入相对较低，食品安全防护意识较差，对市场经济规律掌握不足，生产及消费观念有待提高，在生产过程中，容易受各种市场经济假象误导，盲从种植，盲目使用化肥和农药；在消费过程中，常常以价格低廉为消费标准，加之农村地区市场分散不好管理，致使假冒伪劣产品、来源不明食品及过期食品流入农村市场。

三　防治乡村食品安全问题的建议

鉴于以上的原因分析，提出以下防治乡村食品安全问题的建议。

第一，保证耕地数量。耕地数量是粮食生产的基本要求，是保障粮食安全的根本。农民可以非农化，但耕地不能非农化。我国耕地资源及人口规模区域差异较大，在城镇化的加速推进、流动人口增加的情况下，开发宜农荒地、复垦工矿废弃地、推动土地承包经营权流转既可有效利用耕地，也可实现农业规模化生产。用于种植粮食的耕地，也可用作种植其他经济作物。但当需要生产粮食时，需随时用于种植粮食作物，坚守18亿亩耕地“红线”及粮食播种面积不低于16.5亿亩、谷物面积不低于14亿亩“底线”。

第二，提高现有耕地单位面积产量。我国同一类型地区粮食单产水平悬殊，高的产地每公顷可产7500～15000公斤粮食，低的地区只有3000～5000公斤粮食，与世界粮食高产国家相比较低。那么，如何提高耕地单位面积的产量呢？一方面，改善农业生产基础条件。改造中低产田、兴修水利、扩大灌溉面积、提高农业机械装备及地膜覆盖技术水平、提高良种覆盖率，推广病虫害综合防治、科学用肥、节水灌溉和旱作农业等重大适用技术。另一方面，加快农业科技进步。支持对粮食生产发展有重大意义的科研项目，积极引进有显著增产效果的粮食生产技术，做到高产、优质、高效、低耗。此外，合理调整粮食价格，调动农民种植积极性。

第三，建立粮食市场信息体系。“我国的农户数量众多、农产品品种众多，建立粮食宏观调控信息体系、粮食市场监管体系、粮食供求预测体系以及指导农民调整农业生产结构的信息体系等，可供气象、科技、统计、运输、质量监督检验等部门共同协调，并及时统计农民种植意向调查，并通过权威渠道发布预警等相关信息，合理引导农户种植结构，可有效避免盲目种植和种植面积变动幅度大等问题。”①

第四，节约粮食。我国粮食在种、收、储、运、加工和消费等环节的损失率至少为10%，因此，重视这些环节对粮食的节约显得尤为重要。具体来看，在生产环节，提高种子质量，减少用种量；在收获环节，推广机械化收割；在仓储环节，运用先进的包装材料等保粮技术；在运输环节，提高铁路、公路和水运的现代化水平；在加工环节，应用新工艺、新设备，提高粮食加工机械的性能。此外，开展爱粮节粮宣传教育，倡导文明、适度、节俭的消费方式，加强对餐饮业的管理达到节约粮食的目的。②

第五，竭力减少农产品的农药残留。具体而言，农产品的农药监管涉及生产的各个环节，食品质量监管部门应加强与其他各部门的沟通合作，建立完善的农药监测体系，根据现有农药的性质、病虫草害的发生发展规律，以最少的用量达到最大的防治和减少污染的效果；通过对农作物、食品、自然环境中农药残留量的普查，制定农药的应用范围；严格控制农药的使用，禁止各类禁药和假冒伪劣的产品进入市场，确保农民正确合理地使用农药；此外，发展无污染农药也是一个重要的方向。

第六，避免质量不达标食品流入农村市场。例如，加大监管力度，完善食品退出与销毁机制，让假冒伪劣产品和过期食品没有机会重新流入市场，一旦发现应对不法分子进行经济处罚和追究法律责任；加大宣传教育力度，提高农村居民食品安全防护意识，防止购买及使用来源不明食品；提高农村居民收入，积极引导消费者辨别真伪，防止上当受骗。

---

① 杨卫路：《我国粮食安全的若干问题》，《粮食与油脂》2001 年第 11 期。

② 《中国的粮食问题：中华人民共和国国务院新闻办公室》，百度网，https：//baike.baidu.com/reference/3694326/86ee64TOn85fqBaJGy9xbReffLlRFUtvjKFhBAU6GyV5Wh0leH7niK0DmHEeH56iLhmH9fWWpYR89qTJEIaNVu3qSDA2w-SrO25IsXS6i8kXpjg-gBHyEZ_jH3QiiQ，最后访问日期：2018 年 5 月 29 日。

本章小结

无论农村、牧区还是渔村，都是我国乡村的重要组成部分，而生活在农村、牧区和渔村中的农民、牧民和渔民的公共安全，关系着我国乡村的振兴和发展。可以说，农业、牧业和渔业是乡村地区的居民赖以生存和发展的基础，而农民、牧民和渔民作为具有较强能动性的生产主体，在保护和传承地方性文化知识的同时也发挥着守卫疆土的作用。

乡村地区的自然灾害、生态安全、资源安全和食品安全作为我国乡村公共安全的主要方面，对乡村的发展至关重要。然而，随着时代的发展，围绕着这四个面向出现的安全风险逐渐增多，给我国乡村社会的存续和发展带来了威胁，而乡村的不安全性也会给与之相连的城市乃至国家的整体安全带来危害。因此，如何保障乡村地区的公共安全、如何实现我国的乡村振兴就成为当下任务的重中之重。在这一过程中，我们应始终坚持以自然为基础、以资源为核心、以人民为根本的理念，关注生态、经济、社会、文化的全面安全与发展，只有这样，才有利于实现可持续发展。

第四章　边境公共安全

边境公共安全作为国家公共安全的一部分，其状态不仅关系到国家和社会的安危，而且关乎人民群众的根本利益。边境作为国与国之间接壤的一片区域，它的安全环境面临国内外多重因素的考验。本章主要从国土主权安全、跨国犯罪以及通过打击“三股势力”维护国家安全三个部分探讨边境公共安全所涉及的诸多问题。在中国走向现代化强国的今天，认清国家领土范围、熟知领土主权面临的安全威胁种类，有助于提高我们对我国边境地区的范围和安全种类的基本认识；发生在两个或多个国家间的跨国犯罪活动会危害社会和人民生命财产安全，而这种犯罪活动多出现在国家边境地区，为本就复杂多变的边境环境带来治理难题；由“民族分裂势力、宗教极端势力、暴力恐怖势力”构成的“三股势力”，是目前危害最大破坏性最强的危害国家安全的活动。在中国特色社会主义进入新时代的今天，分裂与反分裂、渗透与反渗透、颠覆与反颠覆、破坏与反破坏的斗争形势依然严峻复杂。我们应当科学认识“三股势力”的内涵和对国家安全的危害，坚决打击“三股势力”，维护国家安全。

第一节　国土主权安全

一　国土主权安全

国土主权安全属于国家主权安全的核心部分。国家主权安全是指一个主权国家具备维护本国领土完整、独立自主地处理本国事务、领导本国发展的权利，并确保在权利行使中各项事务不受外部因素的侵害与威胁。只有领土完整才能确保国家其他事务顺利开展、保证人民过上美好的生活。2014 年，习近平总书记首次提出总体国家安全观，说明我国在维护国家安全方面开始走出属于自己的道路。① 党的十九大报告提出，我党必须在工作开展过程中将新时代中国特色社会主义思想落实到位，要坚持总体国家安全观，“将国家领土完整和安全放在首位”。因而，要维护国家主权安全，就要先确保国土主权安全，确保领土完整、社会稳定、各项事务不受他国侵犯。

虽然我国一贯倡导独立自主的和平外交政策，但是我国的国土主权安全仍然存在威胁，特别是在我国的边境地区。边境是边境区域的简称，它是指相邻国家边界线向相邻两国两边延伸的一片区域。边境是一个动态概念，它的范围随国界线的变化而变化。由于边境依附于国界线存在，因而它不仅是线性的边界，而且是国家场域的边界。除了地理范围的界定外，边境还涉及国家政治、军事、文化、经济、民族等方面丰富的内涵。所以，只有边境保持平稳安定，国家主权才能真正安全。边境安全是边境地区的一种安全状态，它指一国边境地区的领土主权不受侵犯、人民安全有所保障、边境内外不受其他安全威胁。边境安全包含两个方面，一是传统边境安全，二是非传统边境安全。传统边境安全是指国家间领土主权安全，不受军事威胁，确保人民生命财产安全和政权安全；而后者则是和军事、政治等方面的安全有一定差异的全新的安全形态，它涉及经济、文化、生态环境等诸多层面的内容，尽管其中没有明确的军事要素，但依旧会对国家安全造成一定的影响。

随着全球化对国际关系的影响加深，边境地区逐渐成为一个开放互通的区域，这一区域使国家间的界线概念弱化，因而确保新形势下的边境安全显得尤为重要。国家安全不仅涉及政治、经济、文化，而且有许多其他的相关内容。② 其中虽未明确提出边境安全，但其涵盖的领域都与边境地区息息相关，关系到边境地区的安全稳定状态。目前，我国边境安全形势处于良好状态，但我国边境地区环境复杂多变，传统安全与非传统安全因素相互作用威胁边境地区的稳定。因而，研究边境安全是确保我国边疆稳固、人民和国土安全的首要前提。

由于土地满足了人类生产生活的基本需要，我们对于中国广阔疆域的

---

① 《中央国家安全委员会第一次会议召开习近平发表重要讲话》，中国政府网，http：//www.gov.cn/xinwen/2014－04/15/content_ 2659641.htm，最后访问日期：2018 年 1 月 30 日。

② 《中央国家安全委员会第一次会议召开习近平发表重要讲话》，中国政府网，http：//www.gov.cn/xinwen/2014－04/15/content_ 2659641.htm，最后访问日期：2018 年 1 月 30 日。

认识首先集中在陆地领土，当区别我国与他国的界线产生后，便产生了陆地边境的概念。随着人们活动范围的不断扩展，海洋也成为人们利用和沟通外界的途径之一，领海区域的实际界线就成为国家利益向外延伸的有效范围。随着科技的进步与发展，航空航天事业的迅猛发展为人类翱翔蓝天、探索宇宙提供机会，这时国家疆域就由陆地和海洋拓展至天空成为一个立体空间概念。因此，研究国土主权安全不能单纯对领土边境进行探讨，新形势下国际环境复杂多变，我们应该对领海和领空边境安全同样需给予足够关注，下面就从领土、领海、领空三个方面对国土主权安全问题进行分析。

二　领土边境安全

领土，“泛指一国主权管辖下的地球表面的特定部分，包括陆地、河流、湖泊、内海、领海以及它们的底床、底土和上空，是一个国家进行经济建设和国防建设的基础”。[①] 本节对领土边境安全的分析特指陆地领土。领土边境安全也就是国家陆地边境的整体安全状态，表现为国家边境地区有无安全隐患、边境地区人民的人身财产安全及生活环境是否受到威胁、边境地区的社会秩序是否稳定等。虽然新中国成立后我国的边境安全整体处于稳定状态，但是威胁边境安全的因素仍然存在，其复杂性和危害性不容忽视。具体而言，我国陆地边境安全所面临的威胁有以下几点。

（一）领土边界的主权争端问题

目前，我国与周边国家仍存在领土边界的主权争端问题，由于历史上的遗留问题，我国与周边国家在一些地区的领土划界问题上始终未达成一致。而中国与印度边境的领土主权之争最为突出，双方曾在历史上多次进行协商，希望采取和平谈判的方式解决领土划界问题。

（二）非法越境问题

非法越境问题属于外国人在中国进行违法犯罪活动中“三非问题”的一种。“三非问题”是指非法入境、非法拘留、非法就业人员，参与非法越境的国外人员大多无生活来源、无稳定住所、无正当职业，有的甚至在中

① 张东岭：《祖国的领土、领海、领空》，《国防》1997 年第 9 期，第 20 ~ 21 页。

国边境从事违法犯罪活动。非法越境活动在我国边境地区时有发生，由于部分边境地区或江河交错水网遍地，或山川纵横地势复杂，越境人员往往借此“地理优势”非法潜入中国境内。

（三）跨境生态安全问题

随着经济全球化和国家间地缘政治与经济合作的加强，世界各国在资源的争夺上越发激烈，边境地区生态安全问题开始受到各国关注，也逐渐成为影响国家安全和公共安全的一个重要因素。中国边境地区地形复杂，边境线的勘定需要依据当地情况而定。从冰河沼泽到大漠戈壁、从高原雪山到湍流深谷、从崇山峻岭到热带雨林，特殊的地形决定了国与国之间的边境线不能依据实际的陆地边界来划定，河流、树林、山脉也可以是边界划分的标志。这样，因自然地理环境所导致的跨境生态资源利用成为影响地缘经济关系发展的因素之一。当前，跨境生态安全问题主要体现为跨境水资源问题、跨境土地等资源的开采问题和跨境生物灾害与自然灾害的防范和控制等问题。

三　领海边境安全

我国不仅在陆地上与其他国家接壤为邻，而且通过海洋融入世界体系，属于典型的陆海复合型国家。明确国家所辖的海洋区域对于我国维护海洋权益、开发利用海洋资源具有指导意义。1958 年制定的《领海及毗连区公约》提出，在国家主权范围之内，除了陆地和内水区域，沿着海岸线分布的地区属于领海地区。它的范围多是依据领海基线区分的，属于沿海国家“构建海洋关系管辖权的最初的起点”。我国采用直线基线法，“即在我国大陆岸上和海岸边缘岛屿上选定一些点作为基点，再将这些点连接起来作为直线基线，将基线向外延伸 12 海里的水域视为中国领海”。[①] 为进一步拓展各国海洋权益，1982 年发布的《联合国海洋法公约》规定，各国领海的范围由原来的领海基线外 12 海里拓展至领海基线外 200 海里，并建立专属经济区和大陆架制度。但是国家间的利益争夺和领土扩张导致我国海洋权益受到一些周边国家以及某些域外大国的干涉，不利于我国海洋资源的利用

---

① 余潇枫、徐黎丽、李正元：《边疆安全学引论》，中国社会科学出版社，2013。

和海域安全的保障。中国虽与周边国家广泛开展睦邻友好的合作关系，但是我国的海洋安全仍受到不同程度的威胁。

（一）领海主权之争

中国拥有18000多公里的海岸线，海洋面积达473万平方公里，与韩国、日本、菲律宾、马来西亚、文莱、印度尼西亚6国隔海相望。按照《联合国海洋法公约》的规定，各国在海域内合法的活动范围可拓展至领海基线外200海里的专属经济区。我国四大海域中，领海主权问题主要存在于东海和南海两大海域。东海主权问题体现在中国与日本在有关大陆架划界的问题上持有不同的主张：中国一贯主张自然延伸原则和公平原则，认为东海大陆架从地形、地貌、地质等特征来看都是中国陆地领土在海洋中的自然延续，中方以东海海底的冲绳海槽作为中国东海大陆架和琉球群岛的天然界限。而日本则倾向于等距离法，即否定以冲绳海槽作为两国的领海界限，而是采用以钓鱼岛群岛为基点，以此延伸出的中间线作为两国的领海分界。但中间线原则不符合目前国际法中的公平原则。南海主权问题主要是我国南中国海周边各国侵占我国南海岛礁、海域和油气资源的问题。南中国海由东沙群岛、西沙群岛、中沙群岛和南沙群岛组成，周边国家众多，民族复杂，宗教信仰多样。菲律宾、越南、马来西亚等国依据《联合国海洋法公约》对南海岛礁进行侵占，以此主张各自的领土主权。

事实上，根据国际法，历史性所有权和历史性权利高于《联合国海洋法公约》的权利①，历史性权利依据一国对相关海域充分的史料记载和对该地连续性的权利行使定夺主权归属。西沙群岛、南沙群岛、钓鱼岛及其附属岛屿自古便是中国领土，中国史籍资料中均有中国各时期对各海域岛礁的实际占有和开发的记载，并在历朝历代中对相关海域进行巡航、设置岛屿管辖机关和建立军事守备制度，中国渔民还在各相关海域中进行渔业捕捞和航行等民间活动。各种历史事实均是中国对南海诸岛和钓鱼岛及其附属岛屿行使主权的事实依据，也是当代中国海权维护和巡航活动的基础。中国的领海主权争端问题实际上是各邻国同中国的利益争夺问题。因此，只有坚定维护中国领土和领海主权，才能保证国家利益，保障海洋经济、运输航道、国家领海的安全。

---

① 张辉：《从国家安全看东海及南海问题》，《国防》2017年第2期，第78～81页。

（二）海洋资源受到侵犯

海洋资源可分为海洋生物资源、海洋能源矿产、海滨矿产、深海矿产、海洋化学资源、可利用海水资源、海洋可再生资源、海洋空间资源等。[①] 我国辽阔的海域蕴藏着丰富的海洋资源，作为自然资源重要的组成部分，海洋资源不仅支撑着沿海地区经济社会的可持续发展，而且是各领海国家战略利益争夺的焦点。岛礁是海洋资源组成部分，事关国家领土主权、国家安全和经济利益，但其归属成为国际政治领域的难题[②]，南海领土主权和海洋权益争端便是岛礁资源归属问题的体现。南海主权争端是二战后的历史遗留问题，东南亚诸国为抢夺南海丰富的油气资源，开始对中国南海诸岛实施侵占，在极具战略地位的岛礁上建设军用机场、设立满足海运服务的大型港口、开采油气资源等。我国南沙群岛被他国侵占岛礁共 44 座，其中，“越南侵占 29 座，菲律宾侵占 8 座，马来西亚侵占 6 座、文莱侵占 1 座”[③]，越南自 1973 年至 1998 年不断侵占中国南沙群岛的岛屿、岛礁、浅滩、沙洲、暗沙，提出对西沙和南沙群岛行使“主权”，挑战中国底线，威胁中国的领土主权安全和海洋权益。“中菲南海仲裁案”也是周边国家对中国领土侵犯的表现，2016 年在菲律宾单方面向联合国海洋法法庭提起仲裁后，仲裁庭在《联合国海洋法公约》的框架下解读中国南海的历史性权利，宣判菲律宾胜诉，否定中国关于“九段线”的主张。此外，为避免与我国展开正面冲突，周边各国还拉拢域外大国涉足南海问题。域外大国采取“积极”介入的政策，支持越、菲等国在南海问题上的态度，干预中国与周边国家就南海问题争端的解决。岛礁主权争端是国家海洋资源侵犯最直接的体现，只有维护我国海洋主权和海洋权益才能确保我国海洋经济与社会的和平发展。

（三）海上运输通道安全受到威胁

传统意义上威胁海洋航道安全的因素有潮汐、风向、洋流等，但随着

① 王世杰、杨世忠：《全球海洋治理视域下海洋资源资产负债表探析》，《海洋通报》2020 年第 1 期，第 52～60 页。

② 刘朋、梁程虎：《世界各国解决岛礁争端的主要模式与启示》，《岭南学刊》2020 年第 3 期，第 22～27 页。

③ 闵开付、程亮、周晓、夏南、李宁、李满春：《南沙他国侵占岛礁战略价值及空间格局评价》，《热带地理》2020 年第 3 期，第 1～14 页。

科技对海洋运输船只的改造，自然环境并不能制约正常的海洋运输。现代意义上海洋航道的安全除了不受自然因素的影响外，还指船舶在海上航行时不受海盗、环境污染、人工作业威胁等因素的影响。畅通的海上航道将我国与太平洋、印度洋紧密相连，对国家的安全与发展具有重要的战略意义。以我国南海为例，南海的战略地位体现在它是我国重要的航海航空通道。我国的石油输入主要以“印度洋——马六甲海峡——南海”这条线路为主，海上运输通道的安全在一定程度上决定了我国南海乃至我国陆地领土的整体安全。近年来，中国渔民在南中国海进行正常捕捞作业时，多次遭到外国武装力量的抓捕和抢劫，性质极其恶劣。另外，我国飞往东南亚等地区的航线也都要从南海领空通过。作为我国领土的延伸，海上航道的安全是我国贸易运输的保障，维护中国海洋的航道畅通是我国边境安全的一部分。

四　领空边境安全

除了由陆地和海洋组成的固有的平面边疆，人类对于天空疆域的认识是从空间科学技术发展后开始的。领空是陆地和海洋疆界的延伸和拓展，它是“一国的陆地、河流、湖泊、内海、领海及其与之相垂直的一定高度的上部空间，是一国领土的组成部分”。[①] 领空边境的安全，对于维护国家领土主权完整，抵御国外飞行器入侵我国、保证我国边境安全不受威胁具有重要意义。我国领空安全存在的问题有以下几个。

（一）别国对我国领空的不断侵犯

西方大国对我国领海领空主权的干涉由来已久。一些大国不断扩张其在亚太地区的势力范围。不仅频繁制造不利于我国的国际舆论，挑衅中国与周边国家的关系，同时还不断在我国领空领海进行侦察活动。可见，面对外部势力的不断骚扰，我国设立防空识别区是十分必要的，对于那些侵犯我国领空领土、对我国进行非法侦察活动的飞行行为，我国应当毫不畏惧，为维护我国领土领空主权和安全采取必要手段。

（二）无人机等新技术的运用

随着科技的不断进步，无人机开始在各国民用和军事领域广泛使用。

---

① 张东岭：《祖国的领土、领海、领空》，《国防》1997 年第 9 期，第 20 ~ 21 页。

由于无人机挂载力强、升阻比高、航时超长、兼容武器打击能力，其在军事领域中被广泛应用于收集重要情报、监视、侦察、诱敌、实施干扰、打击和目标指示等任务。近几年，一些国家开始大力推行无人机发展计划，以期在军事无人机的研发和应用上寻求突破。可见，无人机等新型科技手段的应用在边境安全防卫中起到重要作用。我国边境地区地势情况复杂，边防巡逻难度大，加之边境地区的犯罪活动逐渐呈现科技化、隐蔽化、复杂化的趋势，为边境巡防和情报搜集带来新的难度。此外，无人机可为国家边防和军队收集准确翔实的地理数据信息，相关人员通过对边境地区的地形地貌、河流水文、气候植被等进行数据分析，可提升国家对边境安全信息的掌控能力。因此，无人机等高空侦查技术设备的使用，可以作为国家边境巡防的新型方式，确保国家间的边境安全、领空和领土安全。

五　边境安全问题的治理

目前，我国边境基本处于安全稳定的状态，但从对领土、领海、领空边境安全的分析来看，我国仍面对复杂的边境局势，因此，我们应当从以下几个方面维护边境安全。

首先，坚持将总体国家安全观的指导思想落实到边境安全的治理当中。在党的十九大报告会上，习近平总书记提出要秉持总体国家安全观，必须坚持走中国自己的道路，在执行国家安全战略的时候，需要放眼全局，维护国家安全。我们不能孤立地看待维护边境安全这一问题，需要将它和其他安全关联起来看待。[①] 把中国边境地区的发展和国家人民的安全统一为一个整体。作为国家安全的屏障，边境安全的内涵十分广泛，坚持总体国家安全观的指导思想不仅凸显了边境安全的重要思想，也为有效维护边境安全提出新的要求。

其次，推动军民融合深度发展，保持边境地区的平稳。军民融合就是将国防和军队建设融入经济社会发展中，实现经济、技术、人才等在多个层面的军民互融，在更大区间、更深层次上将国防和军队的现代化建设融入社会发展中，军民融合发展为达成国防和军队的现代化提供更多的资源，

① 《习近平：决胜全面建成小康社会　夺取新时代中国特色社会主义伟大胜利——在中国共产党第十九次全国代表大会上的报告》，中国共产党新闻网，http://cpc.people.com.cn/19th/n1/2017/1027/c414395-29613458.html，最后访问日期：2018 年 2 月 10 日。

让其保持充足的发展动力。[①] 要维持边境地方的平稳发展，就需要将国防科技工业作为军民融合发展的重点领域，使边境地区各职业、各族群积极参与到边境建设和维护边境安全的事业中来，最终实现军民合作共赢的目标。

最后，积极应对和处理影响边境安全的外部矛盾，推动边境地区稳定全面发展。面对领土边界纠纷、海洋权益争端以及非法侵扰我国领空等事件，我国需要处理好与周边国家的外部矛盾以消除边境安全的威胁因素。我们应当正视国家间的边界问题，妥善处理与周边各国及西方大国之间的关系，坚持和平共处五项原则，实现国家间的互信合作、交流融通。只有国家间拥有健康有序的边境安全环境，才可以保证边境地区人民的安全、社会治安有所保障、国家边境管理有序进行。这样才能使边境地区政治、经济、文化、教育等各领域、各行业全面发展，最终实现边境安全乃至国家安全。

第二节　跨国犯罪

今天，我国在政治、经济、文化、军事等领域的进步与发展均得益于全球化、信息化的助力，在加强国家间沟通的同时，全球化与信息化也为国家边境安全带来一定的挑战，跨国犯罪问题就是影响边境公共安全的问题之一。

一　跨国犯罪的定义

近年来，随着跨国犯罪数量的增长和问题的多样性变化，学界对于跨国犯罪领域的研究越发广泛，首先在跨国犯罪的概念界定上，学者们就有不同的看法。从字面意思看，跨国犯罪（Transnational Crime）是指超出本国范围的犯罪行为，具有跨越国境的性质。《联合国打击跨国有组织犯罪公约》提出，如有下几种情况，就可将之当作跨国犯罪："（1）在多于一个国家的地区做出犯罪行为；（2）虽然仅发生在一个国家，然而其筹备和掌控的人员均在他国，也就是实质性部分均存在于别的国家；（3）犯罪在一个

① 《军民融合发展国家战略强军兴军》，人民网，http：//opinion. people. com. cn/n/2015/0313/c1003－26686400. html，最后访问日期：2018 年 2 月 10 日。

国家开展，但其犯罪人员是存在于多个国家的犯罪集团；（4）犯罪在一国实施，但对于另一国有重大影响”。[①] 国外学者安德鲁·博萨从国际刑法学的角度给出跨国犯罪的定义，认为跨国犯罪“是指这样一种反社会行为，即犯罪行为的准备、实施或结果跨越至少两个以上国家的国境线，使得至少两个以上国家可以对其进行刑事处罚”[②]。

我国学者也从跨越两个或两个以上国家的传统意义上对跨国犯罪进行界定。王湘林认为，“当犯罪行为违反两个以上国家的刑事法律时，即为跨国犯罪”。[③] 周密提出，“在犯罪行为或者结果出现在多于两个之上的国家或者区域也就是两个法域，并违背了它们的律法的时候，此犯罪就属于跨国犯罪”。[④] 但周明综合考察了信息化的影响之后对跨国犯罪给出更全面的定义：“指行为人所实施的犯罪行为不是单纯地位于某一国境内，其一部分或者全部位于不同国家领域内，也就是说跨越了不同国家的国界，这个国界可以是具体的国境线，也可以是虚拟的”。[⑤] 当前，全球化、信息化使国家间经贸交往的方式更加多元化，新型的网络犯罪和国际金融犯罪呈现出借助虚拟网络平台实施犯罪的趋势，如涉及多国的电信网络诈骗犯罪案件等，犯罪分子都是利用互联网的优势实施跨国犯罪。

可以看出，构成跨国犯罪的特征之一就是跨国性，犯罪事实涉及两个或两个以上的国家；特征之二是跨国犯罪的发生具有组织性，犯罪分子均属于有组织、有筹备的犯罪集团；特征之三，从刑事层面看，此行为具有违法性，且对两个或两个以上的国家安全造成威胁。所以，跨国犯罪是发生在两个或两个以上国家的、有组织的刑事犯罪行为，其犯罪行为所跨越的边界有实体国界线和虚拟国界线两种。

二　跨国犯罪的分类

近年来，跨国犯罪问题日趋严重，威胁各国的国家安全。根据跨国犯

① 《联合国打击跨国有组织犯罪公约》，中国人大网，http：//www. npc. gov. cn/wxzl/wxzl/2003 - 11/07/content_ 323719. htm，最后访问日期：2018 年 2 月 11 日。

② 〔法〕安德鲁·博萨：《跨国犯罪与刑法》，陈正云译，中国检察出版社，1997，第 4 页。

③ 王湘林：《论全球化背景下的跨国犯罪》，《国际关系学院学报》2007 年第 1 期，第 35 ~40 页。

④ 王湘林：《论全球化背景下的跨国犯罪》，《国际关系学院学报》2007 年第 1 期，第 35 ~40 页。

⑤ 周明：《国际犯罪、涉外犯罪与跨国犯罪关系的厘清》，《江西警察学院学报》2014 年第 5 期，第 116 ~119 页。

罪国际化的特点，可将跨国犯罪划分为毒品走私、人口贩卖、国际海盗、国际金融犯罪、网络犯罪、武器走私六大类。

（一）毒品走私

毒品走私问题由来已久，它不仅毁灭吸毒者自己，而且祸及家庭并危害社会，百害而无一利。截至 2016 年底，中国有吸毒人员 250.5 万名，数量众多的吸毒人员对公共社会安全造成威胁。而跨国贩毒是我国跨国犯罪的主要犯罪形式之一，犯罪分子不仅触犯和蔑视各国的法律，其犯罪活动也严重危害我国边疆地区的社会治安稳定。

世界上毒品的主要种植和生产地主要集中在三个区域，“金三角”“金新月”分别地处东南亚和西南亚，主要生产鸦片；“银三角”地处南美地区，生产可卡因。这三个区域中紧邻我国边境的就有两个：“金三角”位于老挝、缅甸、泰国三国边境地区，是美塞河与湄公河（中国境内称澜沧江，中国境外称湄公河）交汇形成的一块三角形地带。这里气候湿热，土地肥力充足，极为适合罂粟生长，加之此地丛林遍布，道路崎岖，对外交通闭塞，成了毒贩贩毒的最佳场所。另一个是仅次于“金三角”的毒品生产基地“金新月”，它位于阿富汗、巴基斯坦和伊朗三国的交界地带，因当地鸦片种植产量高且地形形似新月而得名。这两个地方都因毒品带来的巨额利润而闻名于世。2011 年 10 月发生在“金三角”的湄公河惨案震惊国内外。中国籍商船“华平号”和缅甸籍船只“玉星 8 号”在湄公河金三角水域被不明身份的武装快艇劫持，两艘船上的船员全部遇难，且被害手段极其凶残。同时，两艘船上共查获 919600 粒冰毒。事件发生后，中国外交部随即向缅甸、老挝、泰国提出紧急交涉，并走访目击证人、搜寻可靠证据，在多方努力和配合下终于破获此案。经调查认定，湄公河惨案是一起有组织有预谋的境外武装贩毒集团诬陷并迫害我国无辜公民的恶性事件。中国船只的船员一不是吸毒贩毒人员，二没有参与贩毒走私行动，仅是在毒品交易盛行的金三角地区正常航行时遭人利用，丢失性命，足见毒品犯罪问题对我国边疆地区稳定与公民安全的影响之大。

（二）人口贩卖

《联合国禁止贩运人口议定书》指出，“人口贩卖的最终目标是牟利以剥削受害者，贩卖者采用暴力方式进行威胁，或者凭借欺诈、滥用职权、乘人之危，或者用利益进行引诱换取对他人的掌控权，从而进行招募、运送、转移、窝藏或接收人员等活动”。① 人口贩卖不仅是单纯触犯法律的问题，由人口贩卖牵涉出的非法器官移植、强迫被拐人员从事卖淫活动、强迫被拐人员乞讨等问题对人权和人类尊严构成严重危害。

近几年，跨国人口贩卖行为在中越两国十分猖獗，中越两国均有人员涉嫌参与倒卖、贩卖人口活动，贩卖事件发生的地点不只限于我国边境地区，山东、辽宁、山西、江苏等省的城市都有类似事件的发生。“越南新娘”就是一个典型案例，其人口倒卖有两种类型：一种是倒卖越南籍妇女至中国境内寻求买家结婚。2016 年 9 月前后，宝鸡市某县有两个村庄的两户人家娶了云南来的媳妇，但是两家都没有举行婚礼，还总是让媳妇避着家里的亲朋好友。这样奇怪的举动引起了当地派出所民警的注意，经过调查后发现，从云南嫁到陕西的媳妇其实不是中国人，而是越南人，被人贩子贩卖到了中国内陆地区。很多越南女子在不知情的情况下被“远嫁”中国，有些女孩还处在未成年阶段，这给女性的身体和心灵带来了严重的伤害。另一种类型是越南女子通过骗婚的方式嫁入中国，在骗取男方家的彩礼后逃离当地，并更换姓名和年龄寻找下一家继续进行骗婚。2013 年 7 月，29 岁的山东某县的村民牛某用 6.5 万元迎娶 38 岁的越南籍女子王某，在两人共同生活的十个月内，王某陆续介绍了 18 名越南女子给当地的未婚男子。在诈骗彩礼钱后不久，王某和其他越南新娘集体逃走。据警方调查发现，王某姓凌，她的实际年龄是 55 岁，比牛某整整大了 26 岁。此外，还有因家境贫困或受骗在两国边境地区提供非法情色服务的人员，相关人口贩卖组织已逐步发展成有组织的卖淫集团，不仅严重危害到边境地区的社会治安，还加剧了因卖淫活动所导致的疾病传播。

（三）国际海盗

日益猖獗的海盗犯罪严重威胁国际海洋航运的安全，海盗犯罪是一种犯罪人员使用武力强制手段对其他民用船舶或船员进行的财务掠夺和人身伤害行为。《联合国海洋法公约》把下列各项行为归类为海盗行为。（1）私人船只或飞机的成员甚至是乘客为了达到私人的目标，对下面的诸个对象

① 颜国伟、张铁：《跨国犯罪中的人口贩卖问题》，《上海公安高等专科学校学报》2014 年第 24 期，第 90～92、96 页。

所展开的所有的非法的暴力等行为，或抢掠的活动：（a）在公海上对另一个船只或飞机自身或者是其上面的人员或者物资；（b）在国家管控范围之外的区域对船只、飞机或者人员或物资。（2）知道船只或飞机就是海盗的工具，而自愿加入别的活动的所有行为。（3）教唆或故意便利（1）或（2）项所述行为的任何行为。[①] 自 20 世纪 80 年代开始，国际海盗活动变得越发猖獗，海盗经常活跃于西非海岸、索马里半岛附近水域、红海和亚丁湾水域，孟加拉湾沿岸和整个东南亚水域。如今，为保障国际海洋通道的畅通，各国都在联合打击海盗活动，但是海盗活动仍旧是危害海上航运、海上贸易、海上安全的“毒瘤”之一。

我国南海就是海盗事件的多发区域。2006 年 4 月 27 日，中国海南省琼海市的“琼・琼海 03012”号渔船在进行正常捕鱼活动的时候，遇到一艘国籍不明船只的暴力抢掠。这次事故中，4 名中国渔民被当场打死，3 名中国渔民受伤。渔船上的全部财物，包含导航通信设施、生产工具等被全部抢走。这一事件是最近几年发生在南沙群岛地区最为严重的一起渔民被海盗伤害的事件。“从农业部南海区渔政局所做出的不完全分析来看，1989～2010年，周围国家在南海地区遭遇的抢掠和袭击事件多达 380 多起，涉及受害渔船 750 多只，受害渔民 11300 人。其中，有 25 个渔民因此丧命，24 个渔民受到伤害，800 多个渔民因此被判刑”。[②] 被抓扣或撞沉的渔船以及被掠夺走的无线电通信设备、导航设备、生活物资、各类渔获难以计数。东南亚水域的海盗劫持事件多在马六甲、新加坡海峡发生，而作为我国大陆的延伸，南海在我国政治、经济和地缘上都具有重要的战略地位，海盗活动盛行使进入中国南海和爪哇海的船舶面临一定程度的风险，不利于海上航道的畅通和往来船只与人员的安全。

（四）国际金融犯罪

受全球经济一体化的影响，国家间的经济交往越发频繁。经济发展带来社会繁荣的同时，也对国家安全提出新的挑战。国际金融犯罪作为全球化的负面产物，为国家政治安全、经济安全、社会安全带来的负面影响，需要引起各国足够的关注与重视。国际金融犯罪分为跨国洗钱犯罪和跨国

---

① 《联合国海洋法公约》，联合国公约与宣言检索系统，https：//www. un. org/zh/documents/treaty/files/UNCLOS－1982. shtml，最后访问日期：2018 年 2 月 17 日。

② 王振家、海洋：《下一个经济引擎》，《光彩》2012 年第 8 期，第 24～28 页。

商业贿赂犯罪两类。

洗钱是一种将非法所得的资产进行合法化的行为。重点指把非法所得的资本或者盈利，凭借各类手段来遮掩其出处和属性，让其变得更加合法。目前国际上洗钱的手段有很多种，如地下钱庄洗钱、走私货币洗钱、涉足服务行业洗钱、利用虚假贸易洗钱以及成立外资公司或利用外汇黑市跨国洗钱等，其目的都是将非法所得的大额资产通过各种非法手段实现财产的合法化。以地下钱庄洗钱为例，2016 年 7 月，上海市公安局联合多个其他分局，在浦东等多个地区完成了集中收网活动，成功破获了一个规模极大的地下钱庄犯罪团伙，抓捕了以孙某某为首的犯罪人员 30 多人，案件价值高达 100 多亿元。作为一个独特的非法金融团伙，“地下钱庄游离于金融监管体系之外，利用或部分利用金融机构的资金结算网络，从事非法买卖外汇、跨国（境）资金转移或资金存储借贷等非法金融业务”。[①] 除了给各种犯罪行为提供转移账款的途径，地下钱庄也逐步成了贪污腐败分子用来洗白非法财产所得的场所，这类违法犯罪行为严重干扰了国家正常的金融秩序，威胁到国家安全。

发生在大型国际公司的商业贿赂犯罪是近几年多发的一种国际金融犯罪形式。2007 年 8 月，香港某餐饮公司总经理刘某借用职务便利为供应商谋利，让公司售卖质量不过关的食物，后被香港廉政公署拘捕。作为该公司高层，刘某掌管全香港 200 家该餐饮公司的分店，管理员工近万名，在接受商业贿赂后，他疏于对食品安全把关，所施行的监管机制不规范、不健全，质量不过关的食物对公众的身体健康造成危害。我国的资源和劳动力优势虽然使跨国公司迅速进入中国市场，但跨国公司的商业贿赂行为不仅扰乱了我国市场的公平秩序，也使不良风气和贪污腐败现象出现。[②]

（五）网络犯罪

互联网进入人们的生活不过 20 年的时间，但其发展和使用的普及程度却相当迅速，并给人类的科技、文化、生活等带来改变。然而网络在为人类提供方便的同时，也为人类的生命财产安全带来一定的风险。网络犯罪

① 王湘林：《从国家安全的角度看跨国犯罪的主要类型》，《国际关系学院学报》2008 年第 4 期，第 19～26 页。

② 王湘林：《从国家安全的角度看跨国犯罪的主要类型》，《国际关系学院学报》2008 年第 4 期，第 19～26 页。

是指犯罪组织利用互联网等信息化手段实行洗钱、诈骗、武器走私、情色、盗窃、赌博、窃取信息、侵权等犯罪行为，它往往是一种信息犯罪，个人、团体或国家的重要信息在不知情的情况下被不法分子窃取利用，从而构成犯罪事实。网络犯罪分子多是以获取经济利益为目的，以有组织且合作性极强的犯罪团伙的形式实施犯罪。由于互联网的虚拟性，网络犯罪的实施没有明确的地理界限，其作案地域可涉及多个国家和地区。同时，犯罪分子利用技术手段隐藏其真实身份和犯罪地点，这种隐蔽性为打击跨国犯罪、对网络犯罪的侦查取证增加难度。

（六）武器走私

武器走私犯罪的发生不仅威胁各个国家的安全与稳定，而且为维护各国社会治安带来障碍。目前我国将违反《海关法》和枪支管理秩序的规定，逃避海关监管，运输、携带、邮寄武器、弹药进出国（边）境的行为视为武器走私。近年来，武器走私现象日益猖獗。同时，武器走私的种类也花样繁多，犯罪分子通过各种手段将武器走私过境，对国际安全和人类的安全事业构成严重威胁。因此，打击跨国武器走私活动不仅是维护国家和地区安全与稳定的必要手段，也是确保我国边境安全、国家安全的重要保证。

三　跨国犯罪的原因

虽然跨国犯罪的种类很多且每个类别都有各自的特殊性和复杂性，但是究其原因这些犯罪类别有一些共同之处。

首先，对利益和金钱的无限追逐是导致跨国犯罪事实构成的直接原因，不法分子面对巨额利润不择手段铤而走险，最终走上犯罪的不归路。跨国犯罪虽具有跨国性，但国家间的资源条件、历史文化、社会体制不尽相同，即使犯罪类型不一，其最终目的都是追求利益最大化。不论毒品走私、人口贩卖、武器走私、海盗活动，还是国际金融犯罪，不法分子为攫取巨额利润所采取的犯罪手段都会对无辜人员的生命财产造成伤害甚至对国家安全构成威胁。

其次，国际人口流动以及地区间合作使跨国犯罪的数量增加。当今世界是一个开放多元的社会，各国人民通过求学、工作、旅游、经商等活动促使地区间往来交流、传递信息、加强合作。特别是在国家间的边境地区，作为国家对外开放的门户，边境口岸不仅是国与国之间外交、商贸、文化沟通交流的通道，也关系到国家边疆的整体发展。但出入境人口的增多也对国家边境管理提出挑战，人员偷渡、走私犯罪、武装贩毒都有可能危害国家安全。

再次，科技发展也让跨国罪犯找到了可乘之机。目前，跨国犯罪实施的手段多种多样，利用互联网等科技手段实施犯罪已成为普遍现象。除了网络犯罪外，犯罪分子在毒品交易、国际金融犯罪、武器走私等跨国犯罪中都会采用信息化的沟通手段。如 2012 年公安部与美国移民海关执法局通过联合调查方式侦破的重大跨国武器走私案件中，其作案源头在我国境外，但犯罪链条下游在我国境内，犯罪分子主要使用虚拟的网络进行犯罪交易，从而增加了案件的侦破难度。同时，信息技术的应用使跨国犯罪涉及的国家和地区更多更广，除了给广大公民带来人身财产危害外，国家机关也有可能因信息泄露而难逃技术罪犯的黑手。

最后，各国法律制度的差异使跨国犯罪成为可能。一方面跨国犯罪分子利用不同国家社会管理和司法控制的漏洞来逃避司法监管和制裁；另一方面，跨国犯罪所涉及的地域广泛、人员背景复杂、作案技术先进等特点，都为国家间的联合抓捕行动带来困难。此外，由于各国法律规定不一，境外实施罪犯的涉案人员往往会因罪名不同而逃避法律制裁，使犯罪分子继续活跃在社会中。

四　打击跨国犯罪的对策

现阶段，国家安全形势日趋复杂，各种传统跨国犯罪和新型犯罪相互交织，加之恐怖主义对地区安全的威胁日渐凸显，互联网带来的信息化技术又不断丰富跨国犯罪的手段。在如此形势下，寻找有效对策打击跨国犯罪迫在眉睫。

首先，完善本国立法，加强国际司法协作。目前，我国还没有明确的国际刑事司法协助的国内法，加快完善跨国犯罪的相关法律法规，制定我国国际刑事司法协助方面的法律，使我国在跨国犯罪的立法尽可能完备是应对犯罪事件发生的首要任务。现阶段国际形势千变万化，跨国犯罪也在全球化、信息化的浪潮中不断更新着犯罪手段，为国际刑事案件的侦查与破获增加难度。跨国犯罪涉及国家众多，加强国际刑事司法协作对于敏感地区突发事件可起到有效遏制作用。

其次，促进国家间的合作与交流。强化国家间的警务联合行动是打击跨国犯罪必不可少的路径。为了维护世界和平，确保国家各层面的稳定安全，只有多个国家联手，全力协作才有可能彻底打击跨国犯罪。因此，增强国家间的执法合作，可使境内外在逃人员的追捕、案件的侦破以及后续审理更加有效快捷。同时，国家间的合作可促进情报信息的交流共享。在经济和犯罪全球化、信息技术快速升级的背景下，由情报信息主导的警务出现了。[①] 这是一种全新的警务策略，办案人员搜集国际犯罪组织的相关情报，能够大大缩减办案时间，降低办案难度。

再次，强化对跨国犯罪人员的出入境和边防管控。当前，我国已经建立了完善的《出入境管理法》，可以高效实施出入境管理，维护中华人民共和国的主权，维持社会稳定，深化我国的开放程度。但是随着近年来“三股势力”、贩毒分子和走私集团对我国边境地区的不断渗透，面对新的国际形势和跨国犯罪的多样性、复杂性，加大对跨国犯罪人员的出入境的管控力度，完善边防管理机制，使我国边防人员能够迅速应对和遏制犯罪分子在边境地区开展活动，确保边境地区的社会安全。

最后，坚持总体国家安全观战略，提高预防跨国犯罪意识。2014 年 4 月 15 日，习近平总书记主持召开国家安全委员会会议，在全体大会上首次提出，要坚决执行总体国家安全观战略，提出要维护国家安全，不但要保持政治、经济层面的安全，确保社会、科技、信息等方面的稳定，而且要保证生态、资源等诸多层面的安全，这是一个覆盖面极广的体系。面对国内外复杂的局势，我国应秉持总体国家安全观，对跨国犯罪进行深入研究、提高预防跨国犯罪的意识，认清其对我国国家安全的破坏和危害性，走一条具有中国特色的国家安全道路。

第三节　打击“三股势力”，维护国家安全

2001 年 6 月 15 日，上海合作组织签署《打击恐怖主义、分裂主义和极

① 侯静、纪成坤：《全球化背景下加强我国打击跨国犯罪的国际警务合作》，《吉林公安高等专科学校学报》2009 年第 4 期，第 35 ~ 37 页。

端主义上海公约》，首次对恐怖主义、分裂主义和极端主义做了明确定义。所谓“三股势力”是指暴力恐怖势力、民族分裂势力、宗教极端势力，其依次对应恐怖主义、民族分裂主义、宗教极端主义。正确认识“三股势力”是什么、为什么产生，方能对其有效实施防范与治理，从而维护我国边疆地区的社会稳定、民族团结、经济发展。

一 什么是“三股势力”？

（一）恐怖主义的定义

从定义上来讲，目前在学界并没有一个概念能够涵盖全部的恐怖主义，但是众多学者在不断地探究中给出了自己所理解的定义。王国强认为：“恐怖主义是一种有目的的、突发性的暴力行为；恐怖主义通过暴力事件来造成社会影响，并以暴力威胁的方式实现其主张；恐怖主义具有政治性；恐怖主义与人类道德及政党的法律秩序相违背，是一种有组织的犯罪”。[①] 胡联合则认为，恐怖主义指一种旨在通过制造恐怖气氛、引起社会注意以威胁有关政府或社会，为达到某种政治或社会目的服务的，无论弱者或强者都可以采用的，针对非战斗目标（特别是无辜平民目标）的暗杀、爆炸、绑架与劫持人质，劫持交通工具，施毒，危害计算机系统，以及其他形式的违法或刑事犯罪性质的暴力、暴力威胁或非暴力破坏活动。[②] 何秉松认为：“任何个人、集团或国家，使用暴力或其他毁灭性手段残害无辜，制造恐怖，以达到某种政治目的的，是恐怖主义”。[③] 李慧智对以上定义有着不同的看法，在她看来，“恐怖主义是将恐怖奉为教条的一种思潮，是把恐怖观念和行为系统化和持久化的犯罪。恐怖主义是指任何个人、集团、国家，威胁或使用毁灭性手段，残害无辜，制造恐怖，威胁另一个人、集团、国家，以达到某种政治目的或者社会目的的犯罪”。[④]

除了学者给出的定义外，一些百科全书以及反恐组织通过的条约、公约也给出了相应的定义。如《简明不列颠百科全书》中对“恐怖主义”的

① 王国强：《国际恐怖主义与反恐怖斗争》，国防大学出版社，第5页。
② 胡联合：《第三只眼看恐怖主义》，世界知识出版社，2002，第28页。
③ 何秉松：《恐怖主义、邪教、黑社会》，群众出版社，2001，第83页。
④ 李慧智：《反恐学》，人民出版社，2003，第53页。

解释是："对各国政府、公众和个人使用令人莫测的暴力讹诈或威胁，以达到某种特定目的的政治手段。各种政治组织、民族团体、宗教狂热者和革命者、追求正义者、以及军队和警察都可以利用恐怖主义。"[①] 美国兰德公司则认为"恐怖主义"是个人或团体为了达到政治目的而使用的国际暴力。[②] 英国学者哈利认为："恐怖主义是指战争或内战以外，出于某种政治目的而采取的个别暴力行为"。[③]《中国大百科全书·政治学卷》中对国际恐怖主义的解释是："国际社会中某些组织或个人采取绑架、暗杀、爆炸、空中劫持、扣押人质等恐怖手段，企求实现其政治目标或某项具体要求的主张和行动"[④]。1987 年 11 月 26 日，在瑞士日内瓦签订的《防止和惩治恐怖主义公约》中对恐怖行为的定义是："恐怖行为指故意伤害国家元首及其代表或继承人和他们的配偶以及其他公职人员的生命、身体、健康或自由；故意毁灭或损害他国的公共财产；故意造成共同危险危害生命；还包括对上述行为的共谋、教唆、煽动、恐吓、参加和援助等"。[⑤] 1998 年阿拉伯国家联盟发布的《打击恐怖主义的阿拉伯公约》指出，恐怖主义是指个人或团体为实现其犯罪意图，试图通过施加伤害而造成人们慌乱或恐惧，或危及人们生命、自由或安全，或企图损害、占领或夺取环境、公共或私人的设施或财产，或企图破坏国家资源的暴力行为或暴力威胁，无论其动机或目的如何，都属于恐怖主义。[⑥] 2001 年上海合作组织发布的《打击恐怖主义、分裂主义和极端主义上海公约》指出，恐怖主义是指：（1）为公约附件所列条约之一所认定并经其定义为犯罪的任何行为；（2）致使平民或武装冲突情况下未积极参与军事行动的任何其他人员死亡或对其造成重大人身伤害、对物质目标造成重大损失的任何其他行为，以及组织、策划、共谋、教唆上述活动的行为。2011 年 10 月 29 日，经由第十一届全国人大常委会第二十三次会议审议的《全国人民代表大会常务委员会关于加强反恐怖工作有关问题的决定》首次对恐怖活动、恐怖活动组织和人员做出了明

---

① 《简明不列颠百科全书》第 4 卷，中国大百科全书出版社，1985，第 817 页。

② 王艳雯：《现代恐怖主义的类型和特点》，《新乡师范高等专科学校学报》2002 年第 3 期，第 45～47 页。

③ 刘德斌：《当代国际关系问题》，吉林大学出版社，2003。

④ 王小红、何新华：《当代中东国际恐怖主义根源探析》，《甘肃社会科学》2002 年第 1 期，第 110～112 页。

⑤ 刘纯颖：《反恐怖主义立法完善研究》，大连海事大学，硕士学位论文，2015。

⑥ 樊杰辉：《论当代恐怖主义的根源》，山东师范大学，硕士学位论文，2013。

确界定。从以上大多数的定义中我们可以看出，恐怖主义之所以不同于其他暴力活动，主要在于恐怖主义是企图通过暴力或暴力威胁来实现其政治目的，这是其最突出的特点。[①]

（二）民族分裂主义的定义

关于民族分裂主义（或民族分离主义）的定义，以下学者给出了自己的看法。郝时远认为："民族分裂主义活动是指一个主权独立、领土完整的国家内部，由于民族问题在内外因的作用下激化，进而造成通常表现为非主体民族或少数民族中某些极端势力要求建立独立国家的政治诉求、暴力活动甚至军属对抗行动。"[②] 丁诗传、葛汉文则认为："民族分离是指多民族国家内的非主体民族将现存的国家管辖权排除于己方民族成员所居住的区域管辖范围之外的活动"。[③] 艾斯曼认为："民族分离是指多民族国家内的非主体民族为了在己方成员所居住的区域内取得政治、经济、文化的有效控制权，采取现行政治体制所允许的公民抗议方式或者是非法的武装反抗方式，来达到从国家政治中心获得自治的目的，其形式可以使联邦、半联邦分离和独立。"[④] 王建娥认为："民族分离主义就是集聚和生活在特定地域上的民族将其政治诉求与脱离现有政治共同体相联系的一种民族主义的特殊形式。"[⑤]

（三）宗教极端主义的定义

宗教极端主义以浓郁的宗教文化特性有别于其他类型的暴力冲突乃至恐怖主义，但与宗教又有着本质上的区别。宗教极端主义本质上是对宗教信仰、宗教思想文化的一种极端片面、谬误和有害的曲解，是具有显著政治性和暴恐性的意识形态。[⑥] 从宗教极端主义的指向来看，它既可以指宗教内部的极端主义，如宗教迫害、宗教歧视、教派冲突，对教规教法的极端

---

① 樊杰辉：《论当代恐怖主义的根源》，山东师范大学，硕士学位论文，2013。

② 郝时远：《民族分裂主义与恐怖主义》，《民族研究》2002 年第 1 期，第 1～11 页。

③ 丁诗传、葛汉文：《对冷战后民族分离主义运动的几点思考现代》，《国际关系》2000 年第 11 期，第 23～27 页。

④ 施雪琴：《战后东南亚民族分离主义运动评述》，《世界历史》2002 年第 6 期，第 40～48 页。

⑤ 王建娥：《民族分离主义的解读与治理——多民族国家化解民族矛盾、解决分离困窘的一个思路》，《民族研究》2010 年第 2 期，第 13～25 页。

⑥ 吴云贵：《当代宗教极端主义简论》，《世界宗教研究》2017 年第 2 期，第 1 页。

解释等极端化现象，也可以指以宗教为动员和组织工具，通过暴力恐怖袭击等方式，严重危害社会公众生命财产安全、社会稳定与国家利益的思想或行为。[①]《新疆维吾尔自治区去极端化条例》将“宗教极端主义”称为“极端主义”，该条例第三条第二款的内容是：“本条例所称极端主义，是指以歪曲宗教教义或者其他方法煽动仇恨、煽动歧视、鼓吹暴力等的主张和行为。”[②] 因此就现实影响而言，本书所探讨的宗教极端主义主要集中于后者。

宗教极端主义往往与恐怖主义、民族分裂主义彼此交织在一起，通过各种极端、暴力手段来实现自己的目的。其所作所为不仅歪曲宗教教义，并且极大地损害了广大群众的根本利益。但其又有自身特点，从宗教极端主义表现的特点来看，具体主要集中于以下四个方面：首先，表现为宗教政治化与政治宗教化，即以宗教为外衣，实则为实现政治目的，或以宗教作为划分政治阵营的手段。其次，无视经文“降世背景”和语境，无视历代经注学家对经文的共识，断章取义地理解经文，歪曲经训，篡改教义。再次，否认教派和文化多样性，主张宗教一统。最后，抛弃宗教宽容精神，以非黑即白的二分法看问题。宗教极端主义打着宗教旗号，忽略广大信教群体与不信教群体友好往来的事实，企图使双方对立从而实现分裂目的。

二 “三股势力”产生的原因

（一）恐怖主义产生的原因

恐怖主义，最早出现在西方，其词源可追溯至18世纪的法国大革命时期。当时执政党雅各宾派为捍卫资产阶级共和政权，对“一切阴谋分子采取恐怖手段”，大批封建贵族和叛乱分子因此被送上断头台。这种“恐怖手段”即最早提出的“恐怖主义”。从恐怖主义产生的原因来看，主要有以下四点。

第一，早期资本主义的殖民统治为当代恐怖主义滋生与泛滥埋下种子。综观当下世界局部冲突，如巴以冲突、非洲部族冲突等大多是殖民主义“分而治之”遗留下的产物。殖民主义者通过军事武装力量进行殖民统治，并辅以分权制衡。支离破碎的社会状况使恐怖主义成为弱者的武器，加速

---

① 黄金辉、路顺、闵丽：《宗教极端主义成因的研究进路述评》，《世界宗教研究》2020年第2期，第175页。

② 新疆维吾尔自治区人大常委会：《新疆维吾尔自治区去极端化条例》，2018年10月9日。

了恐怖主义的滋长。

第二，不合理的国家政治、经济秩序是国际恐怖主义产生的深层原因。在国际政治事务中，西方国家常打着“人道主义”等旗号干涉他国内政，通过各种手段使该国社会内部出现动乱，并暗中资助各类恐怖活动。这种行为不但没有得到有效约束，反而极大地助长了恐怖主义的发展势头。在国际经济活动中，由于国际分工、世界金融等方面的不平等，各国之间贫富差距悬殊进一步引发社会动荡与民众的不满情绪，使一些地区、国家内部出现对抗局势，导致恐怖主义的诞生。此外，当地政府的专制腐败、政权频繁更迭、不合理的民族政策等也为恐怖主义的产生提供了契机。

第三，国际法律体制缺乏有效监管与执行是恐怖主义崛起与发展的主要因素。长久以来，国际社会不乏众多反恐法律。但关于如何定义恐怖主义，各国莫衷一是。此外，由于国际社会有众多政治立场，缺乏有效的国际合作使恐怖主义并没有受到有效打击。甚至一些西方国家由于秉持双重标准，使一些恐怖主义势力得到了喘息之机。

第四，民族、宗教矛盾的锐化使恐怖主义走向与民族分裂主义、宗教极端主义相结合的道路。综观恐怖主义发展，民族问题、宗教问题常常与之交织在一起。特别是随着民族分裂主义、宗教极端主义的发展，恐怖主义已经成为一种惯用手段。国内也有学者这样认为，在“三股势力”中，民族分裂主义是理论依据，宗教极端主义是精神支柱，恐怖主义是主要手段。“三股势力”的交织，实际上为恐怖主义的产生、发展提供了土壤。

（二）民族分裂主义产生的原因

民族分裂主义的产生离不开民族主义浪潮的兴起。民族主义在世界范围内曾引发三次浪潮：第一次浪潮发生于第一次世界大战前后，主要表现为大民族主义、大国沙文主义；第二次浪潮发生于 1950 ~ 1970 年，该时期的民族主义（以苏、美为代表的大国沙文主义为特点）完全不同于传统意义上的民族主义，并且随着第二次世界大战的结束，这种民族主义逐渐成为亚洲、拉丁美洲和非洲等部分国家维护国家主权、捍卫民族权益的武器；第三次大浪潮发生在 1980 ~ 1990 年，地方分离主义运动①成为该时期最为

① 地方分离主义，即多民族国家中的一些非主体民族（或称少数民族）以民族主义为强化民族意识和对抗异族影响的武器，保护民族文化遗产，争取民族自治以至分离权利。

突出的现象。随着民族主义的不断发展，民族分裂主义也开始寻找自身的发展契机。它将自己的政治目的凌驾于民族根本利益之上，并时刻以“维护民族利益”为噱头来掩盖其非法行为。同时，民族分裂主义借助民族主义的革命浪潮来发展自身势力。其通过曲解各国民族政策、将民族主义狭隘化，从而干扰民众对民族主义内涵的正确理解以及对民族主义团体合法性的判断。

民族分裂主义的形成除了受到民族主义浪潮的影响外，还有以下几点原因。

首先，民族关系问题不等同于民族问题，各族群众或多或少存在对民族问题概念的误解，从而在心理上极易产生民族分裂主义的倾向。民族问题主要是指民族内部、民族之间、多民族及跨国民族在政治、经济、文化交往过程中产生的矛盾、纠纷、冲突及战争。[①] 但在日常生活中，一些别有用心的人总是将个人交往之间的矛盾上升为民族问题，于是导致日常交往问题复杂化。

其次，民族分裂主义歪曲民族国家内涵、滥用民族自决权、曲解我国民族区域自治制度，极大地干扰了各族群众对我国各项政策的学习与领会，助长民族分裂主义的歪风邪气。我国是统一的多民族国家，因此我国有权不受外来干涉而自主地选择适合自身发展的道路。从民族自决权受益主体来看，我国民族自决权受众群体是我国领土范围内多民族构成的整体组织，而不是某一个单一民族。此外，民族自决权的应用应该仅限于国际社会层面而非国家内部。民族分裂主义对我国民族自决权的曲解，不仅极易混淆民众视听，而且非常容易让民众由此陷入狭隘、极端的民族主义中，从而落入民族分裂主义分子的圈套里。民族区域自治，是指在国家统一领导下，各少数民族聚居的地方实行区域自治，设立自治机关，行使自治权，自主地管理本民族、本地区的内部事务，行使当家做主的权利。[②] 民族分裂主义恶意地将民族自治与民族独立统治画等号，扰乱群众视线，借曲解我国政策来分裂我国各民族团结，从而实现其分裂我国多民族国家的政治目的。

最后，西方部分人权组织对人权标准的衡量不一为民族分裂主义分子

---

① 徐黎丽：《“民族问题”与“民族关系问题”的再认识》，《新疆大学学报》（哲学社会科学版）2002 年第 3 期，第 71 ~ 73 页。

② 张晓萍：《〈形势与政策〉课程中国家安全教育强化研究》，南昌大学，硕士学位论文，2016。

提供生存空间。民族分裂主义分子在国际社会中歪曲中国民族政策是其博取国际社会广泛关注的惯用伎俩。他们宣称中国政府的种种行为严重侵犯少数民族人权，为了维护少数民族的权利，他们不得不通过国际支持来“伸张正义”。而这种自说自话的洗白方式显然难以站住脚跟。再者，民族分裂主义分子在通过“维护人权”获得西方部分人权组织的资金支持过程中，其宣称的内容被大肆宣传，但在现实中，他们这种维护自身利益而破坏广大无辜群众根本利益的“人权”并不是合乎标准的人权。此外，随着互联网的发展，挑拨民族关系、歪曲事实真相的信息和谣言屡禁不止。民族分裂主义分子利用互联网的传播性、虚拟性，歪曲各类事件真相，将民族分裂思想散播在网民之中。由此可见，不良网络信息的扩散对民族分裂主义的传播有着推波助澜的作用。

（三）宗教极端主义产生的原因

宗教极端主义是一个不断发展的动态概念。在发展之初，宗教极端主义规模较小，处于地下或半公开状态，活动范围主要集中于本国境内，热衷将传统宗教口号、精神贯穿于行动之中，为其暴力恐怖行为披上神圣的宗教外衣。随着世界格局变迁，宗教极端主义思潮在冷战结束后变得空前活跃，并逐渐与恐怖主义、民族分裂主义相结合。综观宗教极端主义产生原因，主要有以下三个方面。

第一，国际政治变革引发宗教极端主义的产生。以中亚地区为例，中亚地区是目前世界宗教极端主义分布的主要地区之一，该地区宗教极端主义的出现很大程度上是由于当地政治格局的巨大演变。1991 年苏联解体，直接导致中亚地区政治格局的分崩离析。在各种政治力量重新分化、组成的过程中，中亚地区出现了更多难以调和的利益冲突和矛盾，剧烈的社会变迁使人们更加担忧自己所处社会的未来。加之不合理的国际分工体系使世界“中心—边缘”结构在全球化发展中得以确立，基于该结构而产生的对边缘化宗教文明的歧视也引发宗教极端主义的产生。

第二，国内社会政治矛盾的激化是导致宗教极端主义产生的直接原因。经济基础决定上层建筑，国内地区间、族群间不平衡的经济发展客观上加速了宗教极端主义的滋生与蔓延。经济作为社会发展的重要衡量指标之一，直观地反映出民众的生活现状。然而悬殊的经济发展差距极易使经济发展落后的群体产生不满情绪，甚至还会有人将经济发展问题转化为民族对立问题，为民族分裂主义和宗教极端主义的渗透提供契机。此外，国内政治腐败、政治权威丧失以及不正确的宗教政策往往将宗教发展、宗教利益边缘化，这种将宗教排除在外的做法同样是导致宗教发展走向极端化的原因之一。

第三，教内极端思想的长期存在，为宗教极端主义发展奠定思想基础。宗教极端主义在教内主要表现为教派冲突、宗教迫害等，极端的解释方法和惩罚措施使宗教极端主义得以存留于宗教发展中。此外，近代资本主义革命以来，政教分离成为世界范围内普遍认可的一种政治制度。但这种政治制度严重削弱了宗教权威对世俗社会的统治权。故随着民族解放运动的兴起，各类宗教势力试图通过积极参与主流政治生活来强化其影响力。于是，在与各种政治力量的对抗过程中，宗教势力逐渐演化出一股以打着宗教旗号、从事政治活动的宗教极端主义。

三 如何防范打击“三股势力”？

（一）针对恐怖主义的防范与打击

恐怖主义通过暴力行动造成恐怖气氛，破坏人类权益，是全球和平与发展的重大阻碍。恐怖主义也是危害中国国家安全和社会秩序，威胁民众生命与财产安全的危害之一。面对我国恐怖主义问题的国际化趋势，我们应提高反恐治理能力建设，“准确把握国家安全形势变化的新特点、新趋势，坚持总体国家安全观，走出一条中国特色的国家安全道路”。[①] 对恐怖主义的防范与打击，我们可以从以下几个方面展开行动。

首先，在打击恐怖主义的问题上，政府起着核心领导作用。恐怖主义属于我国非传统安全问题之一，往往具有“民族问题与宗教问题相伴随、历史问题与现实问题相纠缠、国内问题与国际问题相关联、跨国民族问题与一般民族问题相渗透”[②] 的特点，故导致反恐难度大、任务艰巨、处理复杂。中央政府是打击恐怖主义的根本核心，在反恐工作中起到总览全局的

① 《决胜全面建成小康社会　夺取新时代中国特色社会主义伟大胜利——在中国共产党第十九次全国代表大会上的报告》，中国共产党新闻网，http：//cpc.people.com.cn/19th/n1/2017/1027/c414395－29613458.html，最后访问日期：2018 年 5 月 10 日。

② 卢贵子、金炳镐：《民族理论与民族政策教程》，黑龙江教育出版社，2008。

作用。同时各级地方政府要相互配合，将依法打击恐怖主义与保障人权相结合，坚决防止因反恐而出现破坏各民族人民群众行使基本权利的现象，坚持反恐不与特定地域、民族、宗教挂钩，保障人民依法享有广泛权利和自由，保障正常社会生活。同时，在反恐怖主义工作中要根据《中华人民共和国反恐怖主义法》规定，应当尊重公民的宗教信仰自由和民族风俗习惯，禁止任何基于地域、民族、宗教等理由的歧视性做法。[①] 此外，还应坚持宽严相济与预防教育挽救相结合、维护稳定与改善民生相结合。

第二，人民群众是打击恐怖主义的主体力量。暴力恐怖势力常常将边疆人民视为其发动暴力恐怖活动的能动人员和潜在发展对象，因此我们需要提高边疆民众对恐怖主义本质的认识，充分发挥人民群众的主体力量，鼓励人民群众积极响应政府反恐举措的号召，遇到疑似恐怖思想传播或恐怖活动前兆的时候要立即举报，群策群力做好恐怖主义防范活动。此外，做好各项安全防护工作，有备无患，将可能发生的损害降到最低。对民众予以讲说引导，使民众积极配合各项安全检查，不断提高对恐怖主义的认识及反恐意识。此外，各族人们应加强彼此之间的文化交流，增进彼此之间的联系与沟通，形成民族团结一家亲的和谐民族关系，为边疆反恐提供坚强的后盾力量。

第三，信息在反恐活动中意义重大，大众媒体在反恐中可发挥辅助作用。在信息化社会中，信息的重要地位不言而喻。相当一部分暴力恐怖音频、视频以及相关谣言是在网络中传播，这时，就需要加大对这些信息的检测、拦截和追踪力度，阻断暴力信息在民众中的传播途径。大众传媒作为“新闻事实”的提供者、“新闻价值”的追求者和“新闻效果”的引发者，在塑造公众意识、反映社会现象、引导社会舆论等诸多方面确实发挥着巨大的作用。大众媒体本身具有传递信息、揭露事实真相、塑造政府公众形象、反映民众意见等多种作用。政府与民众之间的沟通与联系，很大程度上也有赖于大众传媒。因此，在反恐斗争中，充分发挥大众媒体的正面引导作用，能够使反恐知识在人民群众中最大限度地传播，提高民众的反恐意识。另外，媒体在选择报道的时候，要有叙事策略与中心思想，一方面要体现各族群众协力对抗暴力恐怖的事实，让大众看到政府和相关人员对此做出的贡献和牺牲，看到暴力恐怖反社会、反人类的本质。另一方

---

① 国务院新闻办公室：《新疆的反恐、去极端化斗争与人权保障》白皮书，2019 年 3 月 18 日。

面要竭力避免成为暴力恐怖的传声筒，避免成为散布恐怖气氛，造成激发民族和地域间偏见、畏惧的工具。要正确合理地利用大众媒体。

第四，加强国际反恐合作是全球范围内对恐怖主义势力进行有效打击的新趋势。暴力恐怖不是一国单独面对的问题，其产生、传播和影响范围往往超过现代民族国家范围。对暴力恐怖的打击也不是一国可以独立完成的，需要各国携手共进，共同行动。因此，国际间的反恐合作是对抗暴力恐怖的必然走向。我国一方面要利用已经加入的地域性国际组织，如上海合作组织等，在一些反恐情报方面与其他国家加强合作，同周边国家举行反恐军事演习与联合反恐行动，发挥各自优势，在国际反恐重大问题上达成一致，另一方面要利用我国加入的国际公约，如《制止恐怖主义爆炸的国际公约》《制止向恐怖主义提供资助的国际公约》《全球努力打击恐怖主义的宣言》等，争取世界范围内其他国家的支持，赢得世界范围内的正义力量，竭力消灭国际恐怖主义。

第五，完善出入境管理，截断国内外恐怖势力相互勾结的渠道。边境是国内外恐怖势力相互联系、流窜活动的关键区域。而边境地区由于地形复杂、地广人稀，往往难以得到彻底完整的监管。近年来，我国与周边国家建立了边境地区和执法部门反恐领域对口合作机制，通过相互间的联系与合作，在广泛的领域内建立了合作交流机制，御暴力恐怖势力于国门之外，同时防止国外暴力恐怖分子进入我国为非作歹，也防止国内恐怖分子逃窜出境。国内外边境机构在情报信息交流、边境联合管控、涉恐人员查缉、反恐怖融资、打击网络恐怖主义、打击跨国犯罪、司法协助、跨国油气管道安保等方面，进行了务实的交流与合作。与此同时，双方均积极借鉴国际反恐和去极端化经验，结合本地区实际，有效开展反恐怖主义斗争和工作，取得了阶段性成果，进一步肃清了国内的恐怖分子，打击了其嚣张气焰，保护了各族民众的生命和财产安全，同时也为国际反恐斗争做出了贡献。

（二）针对民族分裂主义的防范与打击

民族分裂主义及其引发的相关活动，是危害我国边疆安全、破坏我国民族关系的毒瘤之一。在我国，民族分裂主义常与境外恐怖主义相勾结，用暴恐行为破坏我国各民族之间的情感，编造谣言挑拨我国各民族之间的关系。同时，制造一系列残忍暴戾事件威胁我们的正常社会秩序。面对民族分裂主义的频频挑战，我们应当从以下几点入手并做出积极应对。

第一，防止民族问题的扩大化趋势，是防范民族分裂主义的重要途径。民族问题是指民族从形成、发展直到消亡之前的各个历史阶段，不同民族和民族集团间基于民族差异，在政治、经济、文化、语言、风俗习惯等的各个领域发生的各种矛盾。[①] 民族问题具体可以划分为三种类型：一是民族之间在交往过程中威胁到民族族体生存与发展的矛盾而引发的冲突；二是民族的集体属性得不到认可而引发的冲突；三是国家与民族之间的矛盾引发的族体冲突。民族问题的扩大化是指，将不同民族的人民群众在日常生活和经济社会活动中，由于利益、观念、职业等因素产生的纠纷，不去客观辨析、认真解决，而是简单化、刻板化地归结为民族问题或民族矛盾。但实际上，并非牵扯到民族的事宜就是民族问题，更多的是利益、习俗、偏好的问题。我们必须正确认识日常生活中个人交往出现的矛盾，切忌随意将任何与民族有关的问题都上升到民族问题的高度。同时，我们必须要防范随意抛出这类言论的人，敢于纠正，积极协调，实事求是地解决问题，旗帜鲜明地反对将民族问题扩大化。

第二，牢固树立中华民族共同体意识。中华民族这一概念是高度抽象概括又总览全局的，中华民族既包括国内56个民族及一些未识别族群，又作为一个独立的国家民族屹立于世界民族之林。树立中华民族共同体意识，需要坚持“三个离不开”原则（汉族离不开少数民族、少数民族离不开汉族、少数民族之间相互离不开），加强民族团结，搞好民族关系，增进各民族之间的文化交流，各民族人民要像石榴籽一样紧紧抱在一起。同时，要加强对少数民族文化遗产的保护，发扬各民族优秀传统文化。在民族交往过程中坚持以“各美其美，美人之美，美美与共，天下大同”为原则，以海纳百川的胸怀接纳、包容其他民族的文化习俗，实现各民族文化的“百花齐放”。在族群认同、民族文化、民族关系等方面，彼此协调，共存共生。实现文化上的多元，经济上的互惠，民族理念上的认同，国家政治上的统一，逐渐将中华民族共同体意识落到实处。

第三，加快民族地区的经济与教育发展，缩小地区之间、民族之间的差距是遏制民族分裂的物质保障。客观上我国东部沿海地区与西部内陆地区，城市与乡村在经济发展、教育水平、交通条件、生活水准等方面存在

---

① 徐黎丽：《民族学原理》，人民出版社，2014。

差距。地域上的差距与民族上的差距叠加累进，经济发展与民族文化的影响力相互联系，进而将存在的差距扩张放大，这有损于构建和谐的民族关系。因此，发展民族地区的经济是当前形势下的首要任务，缩小西部内陆地区与东部沿海地区的差异，使全国各族人民共同享受国家现代化发展带来的便利，有助于各族人民树立起国家主人翁的意识。同时，需要重视教育，重视人才，使人尽其才，地尽其用。反对不加选择地将各民族年轻一代束缚于陈规陋习或宗教教育之下，保障青少年接受现代化教育的权利。通过教育与经济发展，缩小民族间、地区间的差异，实现民族地区的健康发展。在物质保障方面杜绝民族分裂的产生。

第四，严厉打击民族分裂势力，保障民众的生命财产安全是反对民族分裂的直接要求。对于民族分裂思想、极端民族主义等思想，一经发现，坚决打击，将罪恶的苗头遏制在萌芽状态。对于民族分裂活动以及相关的暴力恐怖事件，予以坚决镇压。对于盲目追随者，要进行疏导教育，使其认识到其错误行为，从思想上进行改正。对于怙恶不悛者，要运用法律手段对其进行惩处。各族群众在发现与民族分裂相关的思想或行动时，要积极向有关单位汇报，这是维护社会秩序良好运行和保障自身生命财产安全的直接要求。

（三）针对宗教极端主义的防范与打击

从宗教极端主义的产生根源来看，宗教保守思潮是宗教极端主义形成的思想基础；经济边缘化和贫困化处境是宗教极端主义产生的经济根源；霸权主义和强权政治是催生宗教极端主义的外部根源。因此，对于宗教极端主义的防范与打击我们应注意以下几点。

第一，坚持宗教信仰自由，保障民众对宗教的选择权，反对教族捆绑。《中华人民共和国宪法》第二章第三十六条规定：中华人民共和国公民有宗教信仰自由。任何国家机关、社会团体和个人不得强制公民信仰宗教或者不信仰宗教，不得歧视信仰宗教的公民和不信仰宗教的公民。[①] 宗教信仰自由是指公民有信教或者不信教的自由，有信仰这种宗教或者那种宗教的自由，有过去信教现在不信教或者过去不信教而现在信教的自由。任何个人或机构不得强制民众的信仰。如果将保障宗教自由片面地理解为对宗教信

---

① 刘灿国：《列宁国家安全思想及现实启示》，山东师范大学，博士学位论文，2014。

仰的保护，这偏离了宪法的本义。当前社会存在的另一种错误认识是将某一宗教与某一民族绑定起来。民族作为一个建构性集合，本身是不能信仰宗教的，只能通过民族中一个个具体的个人来实现。而具体的个人拥有宗教信仰自由的选择权利，可以选择不信宗教，可以选择信仰别种宗教，因此教族捆绑的基础本身就是不牢固的，部分信教群众也不能代表整个民族。无论保障宗教信仰自由，还是反对教族捆绑，都是在削弱宗教极端思想的立论根源和信众来源。

第二，坚持宗教思想层面的世俗化与中国化，重视解经工作，强调宗教宽容。宗教作为一种意识形态，在宗教人士与一般信众之间存在区别。宗教人士可以虔信宗教，投身宗教事业，利用自身掌握的宗教知识对民众形成良好的教化，满足民众的心理慰藉和需求。在对普通信众解释宗教经典时，宗教人士要清楚地认识到宗教经典是恒定的，关键在于如何理解和阐释，引导其与中国社会相适应，坚持解经工作的中国化方向。误解经典、断章取义，是当前宗教极端主义产生的根源。应通过有针对性的解经，揭批宗教极端主义，引导信教群众走中正之道。同时，应加强宗教教育的主渠道作用，培养一批爱国爱教、学养深厚的教职人员和专家学者，从宗教极端分子手中夺回宗教解释权。对于普通信众而言，要引导其分清现实世界与信仰世界之间的区别，宗教与世俗并非二元对立、不可调和的。宗教信仰层面的要求与世俗现实世界之间有共存共生的广阔空间，以世俗生活为根本，兼顾宗教生活，这是生活的应有之义。同时，要对不同的宗教信仰保持宽容与友善，对同一宗教内部存在的差异也要客观看待。反对认为某宗教或某教派为正宗其他为异端的看法，强调各宗教的“向善”共性。

第三，坚持宗教行为层面的规范化、世俗性，运用法律手段反对宗教极端思想的传播渗透。对于极端宗教思想的外在表现需要加以规范，明确宗教与世俗的区别，坚持世俗性的根本基点。宗教事宜不能扩张到宗教场所之外的地方，更不能去要求其他人遵守该宗教的约束。此外，运用法律手段、树立法治意识，强调以法律的内容与要求来反对宗教极端主义是我国社会主义法治社会的应有之义。要做好这一工作，首先需要严格参照《中华人民共和国刑法》、《中华人民共和国国家安全法》、《中华人民共和国反恐怖主义法》和《宗教事务条例》等国家法律和条例的要求，结合《关于办理恐怖活动和极端主义犯罪案件适用法律若干问题的意见》等相关法律法规[①]，以法律手段遏制、打击宗教极端主义的渗透和蔓延。同时，各地区还应结合当地实际情况，加快地方性法规的立法进程，因地制宜地制定反对宗教极端主义传播的法规政策。这需要在广大农村地区向当地群众普及法律知识、提高他们的法治意识。推动法治实践，以建立完善基层法治文化公共设施体系为基础，广泛开展"宪法法律宣传月""基层法治大讲堂""国旗下讲法治"等多种形式的法治宣传活动。从浅显易懂的道理讲起，从生动形象的案例开始，阐明宗教极端思想的危害，表明法律对宗教极端思想的态度，引导各族群众明辨合法宗教与非法宗教的界限，增强公民自觉抵御宗教极端思想渗透的能力。

第四，大力促进民族地区经济发展，提高就业率，增加收入，使群众分享经济发展成果。宗教极端思想对群众生产生活的渗透干扰严重，危害了社会稳定、经济发展和民生安全。反过来，经济上的贫困落后也不利于科学健康思想观念的传播。近年来，以经济为中心的发展思想，兼顾社会稳定，着力保障和改善民生。大力推进就业、教育、医疗、社保等领域惠民工程，切切实实提高了普通民众的经济地位和生活水平。政府通过发展劳动密集型产业，改进农业基础设施，培养良种，有组织地转移就业和创业带动就业，切实让民众获得收益。另外一系列的社会福利政策也得以实施，如大力普及九年义务教育，部分地区扩展为十二年义务教育，落实全民免费健康体检，完善社会保障体系，持续提高城乡困难群众最低生活保障标准。只有人民生活不断改善，反恐维稳和宗教去极端化工作的群众基础才会更加牢固。

第五，加强社会主义精神文明建设，牢固树立中国特色社会主义核心价值观是抵御宗教极端思想的根本思想支撑。社会主义精神文明建设以马克思主义的科学理论为指导，是我国社会主义道路建设中在精神领域方面的重要指引，形成能促进社会主义事业健康发展的思想、政治、道德观念和社会风貌，给物质文明建设以精神动力，并保证其社会主义方向。[②] 作为中国特色社会主义核心价值体系内核的中国特色社会主义核心价值观，是中国特色社会主义核心价值体系的高度凝练和集中表达，体现着中国特色社会主义价值体系的根本性质和基本特征，其富强、民主、文明、和谐，

---

① 国务院新闻办公室：《新疆的反恐、去极端化斗争与人权保障》白皮书，2019 年 3 月 18 日。

② 秦永芳、陈松青：《精神家园的回眸与守望——广西民间故事中的社会主义核心价值观因素阐释》，广西人民出版社，2015，第 16 页。

自由、平等、公正、法治，爱国、敬业、诚信、友善的高度概括从国家、社会和公民三个层面对中国特色社会主义核心价值观进行了论述和要求，对我们在思想领域的建设提出了明确要求。[①] 具体到抵制宗教极端思想方面，我们要加强学生日常思想教育，做好高危群体的思想转化工作，营造民族团结的氛围；培养高素质少数民族干部队伍，严厉打击宗教极端势力；完善网络管理，严厉打击宗教极端思想的传播。在全民族牢固树立建设中国特色社会主义的共同理想，牢固树立坚持党的基本路线不动摇的坚定信念；显著提高以思想道德修养、科学教育水平、民主法治观念为主要内容的公民素质，显著提高以积极健康、丰富多彩、服务人民为主要要求的文化生活质量，显著提高以社会风气、公共秩序、生活环境为主要标志的城乡文明程度；在全国范围形成物质文明建设和精神文明建设协调发展的良好局面。[②]

本章小结

边境地区公共安全形势复杂多变，涉及国家主权和领土完整、中国边境社会有序治理、区域合作以及周边国家安全局势等多个领域。国土主权安全是国家在国际关系中交往合作的基石，在全球一体化的背景下，我们对边疆领土的安全内容具有清晰的认识至关重要。跨国犯罪因其犯罪手法的特殊性为我国社会安全、信息安全、经济安全等方面带来隐患，一些犯罪活动还给社会治安、人民生命财产安全带来极大危害和破坏性。此外，边境公共安全特别要防范“三股势力”对中国边疆安全构成的极大威胁。近年来，民族分裂主义、恐怖主义和宗教极端主义有逐渐一体化的趋势，恐怖分子以宗教认同或民族认同散布具有迷惑性、蛊惑性、煽动性的极端主义理论，无辜群众深受其害，严重影响到边境社会的安全稳定。今天，维护国家边境公共安全需要我们以新时代具有中国特色的国家安全思想为指导，将国家政治安全和人民安全放在首要地位，加强对相应的安全形态的学习，保证国家主权不受侵犯、人民福祉不受侵害、经济社会可持续发展、国家其他重大利益不受威胁。

---

① 陈书全：《改革开放20年时事概览》，天津教育出版社，1998，第60页。

② 《中共中央关于加强社会主义精神文明建设若干重要问题的决议》，央视网，http：//www.cctv.com/special/256/1/20843.html，最后访问日期：2019年5月1日。

第五章　总体国家安全观

在之前的章节中，我们讨论的多是与人们的日常生活密切相关的具体的公共安全问题，而公共安全在宏观层面便体现为国家安全。2014 年 4 月，中共中央总书记、国家主席习近平提出要构建集政治安全、国土安全、军事安全、经济安全、文化安全、社会安全、科技安全、信息安全、生态安全、资源安全、核安全等于一体的国家安全体系，即构建总体国家安全观，本章要讨论的便是总体的国家安全体系和安全观念，以及其中所涉及的国家主权与国土安全、意识形态领域的安全、军事安全与核安全的内容。

第一节　我国的国家安全观

国家安全观属于国家安全学的范畴，是指对国家安全以及国家安全相关问题的认识、评价和预期。具体而言，国家安全观可以从认识、评价和预期三个方面来理解。第一，国家安全观是对于国家自身安全状态的客观认识，主要包括国家安全环境、国家安全活动、国家安全战略等，可以是对国家安全状态的总体认识，也可以是对某一个方面的国家安全（比如信息安全）的认识。第二，国家安全观中包含对国家安全现实的价值评价。一个国家的安全观中必然包括对自己国家安全状态的判断。第三，国家安全观中还应该有对国家安全状态发展方向和发展情况的估计和预期。而这种预期往往决定了国家对于国家安全维护的施行措施和努力方向。①

一　我国的国家安全观的形成过程

中国共产党的成立，就是为了帮助国家摆脱西方列强控制的局面、带

① 刘跃进：《国家安全学》，中国政法大学出版社，2004。

领人民走上独立富强的道路，从另一个角度来说就是解决当时我国所面临的国家安全问题。而在中国共产党的成长和国家的发展过程中，我国的国家安全观逐渐形成。

中国共产党第一次在重要的文献中使用“安全”一词是在1945年举行的中国共产党第七次全国代表大会的报告中提及外交问题时提到的。在中华人民共和国成立之后，经常会有“我们国家的安全”“祖国的安全”等表述提及“安全”一词，但在正式场合使用“国家安全”一词还是在1983年的第六届全国人民代表大会第一次会议的政储工作报告中。①

此后到1992年，几乎每年的中央政府向全国人民代表大会提交的政府工作报告中，都会提到若干次“国家安全”，这表明我国对“国家安全”越来越重视，也在不断探索和实践“国家安全”。从内容来看，当时政府工作报告中提到的“国家安全”，主要是军事、国防等领域的国家安全问题，在政府工作报告中也基本被放在“军队和国防建设”的部分里。

从中华人民共和国成立到20世纪90年代中期，我国的国家安全观属于传统的国家安全观，主要关注国防、国家主权等方面的安全问题。1996年以后，我国官方开始提出一些新的安全观念，并在1997年提出了“新安全观”。2002年7月31日，参加东盟地区论坛外长会议的中国代表团向大会提交了中方关于新安全观的立场文件，全面系统地阐述了中方在新形势下的安全观念和政策主张。“新安全观”涉及对外安全和国际安全问题，主要关注我国在外部所面临的安全问题。② 2006年之后，“新安全观”的提法逐渐减少，基本不再使用。但这个词的提出表明了我国在发展中对于国家安全所做出的新的探索和成果。

此后，我国“不断完善、丰富、充实国家安全”的概念和内容，从最开始关注的传统安全，逐渐扩展到与经济、政治、文化、信息等相关的非传统安全，而在这一段时间，我国的整体国家安全观也逐渐从传统安全观向非传统安全观过渡。

比如，在2002年党的十六大报告中，关于安全的表述不再像以前一样仅仅出现在军队建设和国际问题部分，而是在经济、政治等方面都

---

① 《中华人民共和国第六届全国人民代表大会第一次会议政府工作报告》，《人民日报》1983年6月24日，第1版。

② 《中国向东盟论坛提交新安全观立场文件（附全文）》，中国新闻网，http：//www.chinanews.com/2002-08-01/26/208073.html，最后访问日期：2020年8月16日。

有提及①。党的十六大之后，国家安全的概念得到了进一步的调整和深化。国家不仅继续强调政治、军事安全，同时将安全的范围扩展到了经济、科技、文化等领域，逐步地完善了非传统国家安全观。2006 年 10 月，在中国共产党第十六届六中全会上通过的《中共中央关于构建社会主义和谐社会若干重大问题的决定》再次对国家安全问题做了集中论述，指出要“加强国家安全工作和国防建设，保障国家稳定安全。增强国家安全意识，完善国家安全战略，健全科学、协调、高效的工作机制，有效应对各种传统安全威胁和非传统安全威胁，严厉打击境内外敌对势力的渗透、颠覆、破坏活动，确保国家政治安全、经济安全、文化安全、信息安全”。②

党的十七大和党的十八大的报告中，对于国家安全的论述不断完善、不断充实，不仅继续关注政治、军事等传统领域的安全，而且涵盖了信息安全、文化安全等新的领域。

2014 年 4 月 15 日，习近平总书记在中央国家安全委员会第一次会议上首次提出了“总体国家安全观”的概念。③ 总体国家安全观的提出，是我国从 20 世纪以来的漫长时间里不断探索而得出的结果。④ 那么，什么是总体国家安全观呢?

贯彻落实总体国家安全观，必须既重视外部安全，又重视内部安全，对内求发展、求变革、求稳定、建设平安中国，对外求和平、求合作、求共赢、建设和谐世界；既重视国土安全，又重视国民安全，坚持以民为本、以人为本，坚持国家安全一切为了人民、一切依靠人民，真正夯实国家安全的群众基础；既重视传统安全，又重视非传统安全，构建集政治安全、国土安全、军事安全、经济安全、文化安全、社会安全、科技安全、信息安全、生态安全、资源安全、核安全等于一体的国家安全体系；既重视发展问题，又重视安全问题，发展是安全的基础，安全是发展的条件，富国才能强兵，强兵才能卫国；既重视自身安全，又重视共同安全，打造命运

---

① 《江泽民同志在党的十六大上所作报告全文（2002 年 11 月 8 日）》，中国网，http：//www.china.com.cn/guoqing/2012－10/17/content_ 26821180.htm，最后访问日期：2020 年 3 月 23 日。

② 《中共中央关于构建社会主义和谐社会若干重大问题的决定》，中发〔2006〕第 19 号，2006。

③ 《中央国家安全委员会第一次会议召开　习近平发表重要讲话》，中国政府网，http：//www.gov.cn/xinwen/2014－04/15/content_ 2659641.htm，最后访问日期：2020 年 3 月 23 日。

④ 刘跃进：《非传统的总体国家安全观》，《国际安全研究》2014 年第 6 期，第 4～10 页。

共同体，推动各方朝着互利互惠、共同安全的目标相向而行。①

总体国家安全观的概念所提出的构建集政治安全、国土安全、军事安全、经济安全、文化安全、社会安全、科技安全、信息安全、生态安全、资源安全、核安全等于一体的国家安全体系，相对于以前传统国家安全观包含的政治、军事安全，总体国家安全观既有政治安全、国土安全、军事安全等传统国家安全观的内容，又新增了经济安全、文化安全、社会安全、科技安全、信息安全、生态安全、资源安全、核安全等非传统国家安全观的内容，可以说是对我国几十年国家安全观系统、全面、科学的总结。

从对总体国家安全观的描述我们可以看出，总体国家安全观与以往我国的国家安全观都非常注重外部的安全以及国土安全等传统安全，同时，总体国家安全观中又纳入了和信息、生态等非传统安全。可以说，总体国家安全观对我们现在面临的安全问题做了一个非常全面而深刻的分析，这对于以前的安全观是一个总结和超越。而且，总体国家安全观的提出是我国官方对国家安全概念的系统界定，对我国国家安全观概念研究和论述有重要意义。

二　党的十九大报告中有关国家安全的内容

在党的十九大报告中，有关国家安全的内容相比党的十八大报告有所增加。主要集中在以下几个部分。②

第一，在报告第一节对以往成就的回顾中，报告指出，我国的社会治理体系更加完善，社会大局保持稳定，国家安全全面加强。但同时也必须清醒地看到，我们的工作还存在许多不足，也面临不少困难和挑战。社会文明水平尚需提高；社会矛盾和问题交织叠加，全面依法治国任务依然繁重，国家治理体系和治理能力有待加强；意识形态领域斗争依然复杂，国家安全面临新情况。

在这部分内容中，涉及国家安全的领域主要是在社会稳定、国家治理、

① 《中央国家安全委员会第一次会议召开　习近平发表重要讲话》，中国政府网，http://www.gov.cn/xinwen/2014-04/15/content_2659641.htm，最后访问日期：2020年3月23日。

② 《决胜全面建成小康社会　夺取新时代中国特色社会主义伟大胜利——在中国共产党第十九次全国代表大会上的报告》，中国政府网，http://www.gov.cn/zhuanti/2017-10/27/content_5234876.htm，最后访问日期：2020年3月23日。

意识形态等方面。这部分表述先是指出以往的成绩让我国的国家安全进一步加强，肯定了以往的工作，然后又指出，过去的工作中还有许多不足之处，在社会发展、国家治理、意识形态领域的斗争方面都有不完善的地方，而且产生了一些新问题，国家安全也面临着新的情况。

第二，在报告的第三节，即新时代中国特色社会主义思想和基本方略中，报告指出党的十八大以来，国内外形势变化和我国各项事业发展都给我们提出了一个重大时代课题，这就是必须并且要根据新的实践对经济、国家安全、国防和军队、“一国两制”和祖国统一等各方面做出理论分析和政策指导，以利于更好地坚持和发展中国特色社会主义。

这部分内容主要是谈论如何在新时期建设好中国特色社会主义，而在具体建设的基本方略内容中，国家安全是作为一个独立的部分被强调的。只有做好包括国家安全在内的各方面事业，才能在新时代更好地建设中国特色社会主义。

第三，在基本方略中，习近平总书记还用专门的篇幅阐述了如何坚持总体国家安全观。习近平总书记指出：“统筹发展和安全，增强忧患意识，做到居安思危，是我们党治国理政的一个重大原则。必须坚持国家利益至上，以人民安全为宗旨，以政治安全为根本，统筹外部安全和内部安全、国土安全和国民安全、传统安全和非传统安全、自身安全和共同安全，完善国家安全制度体系，加强国家安全能力建设，坚决维护国家主权、安全、发展利益。”

要坚持总体国家安全观，首先，就要长期坚持国家利益至高无上和人民安全的宗旨；其次，要将政治安全视为根本原则，一切行动围绕政治安全展开，因为只有确保了政治安全才能更好地维护国家利益和保护人民的安全；再次，要有大局意识，要将内部和外部安全、传统和非传统安全、国土和国民安全、自身和公共安全统筹于一体，从整体上综合看待这几个方面的安全问题；最后，及时完善国家的安全制度，进一步加强维护国家安全的能力建设也是十分必要的。只有做到上述几个方面，才能算是正确、全面地践行整体国家安全观。

第四，在报告第八节，在维护国家安全的社会治理层面，习近平提出，“国家安全是安邦定国的重要基石，维护国家安全是全国各族人民根本利益所在。要完善国家安全战略和国家安全政策，坚决维护国家政治安全，统筹推进各项安全工作。健全国家安全体系，加强国家安全法治保障，提高防范和抵御安全风险能力。严密防范和坚决打击各种渗透颠覆破坏活动、暴力恐怖活动、民族分裂活动、宗教极端活动。加强国家安全教育，增强全党全国人民国家安全意识，推动全社会形成维护国家安全的强大合力”。

这一部分讲述的是维护国家安全的具体措施。报告中首先明确了国家安全的重要地位：国家安全安邦定国的基石，全体公民的根本利益所在就是维护国家安全。然后，报告提出了完善安全战略、严格实施对违法活动的打击、加强对公民的国家安全教育等多个具体措施。

第五，在报告第十节关于军队建设的论述中，报告指出，“面对国家安全环境的深刻变化，面对强国强军的时代要求，必须全面贯彻新时代党的强军思想，贯彻新形势下军事战略方针”。建设强大的现代化部队，构建中国特色现代作战体系，完成好党和人民赋予的新时代使命任务。报告还提到，建设现代化的国防和现代化的军队，一方面是为了与全球新军事革命发展的趋势相适应，另一方面则是为了满足国家安全的需要。可以说，国家安全的需要是发展现代化军队的一个极其重要的因素，两者相辅相成，有了现代化的军事，才能确保国家安全，而国家的安全可发展军事的现代化。

在军队建设的内容中强调国家安全是我们长期以来的做法。我们加强国防和军队建设，就是出于维护国家安全的需要。而且在我们国家以往的传统安全观中，国防建设占据了举足轻重的地位。国家安全和军队建设互相依靠和需要是推动两者不断前进的巨大动力。①

党的十九大报告中对于国家安全的论述，是在总体国家安全观的提出之后，对以往国家对于国家安全的论述的进一步发展。从党的十九大报告中我们可以得出以下几点：一是报告中对国家安全的论述所涉范围很广，包括内容多，从内部的社会生活、社会治安，到外部的国土、军事安全，都有关于国家安全的论述；二是报告中对于国家安全的论述，既继承了以往我国对于国家安全的认识，又延伸到了文化、信息等安全的领域；三是党的十九大报告中，对总体国家安全观做出了系统的概念界定，让我们的国家安全观有了一个明确的定义，并对总体国家安全观的内容进行详细的解释。

---

① 《决胜全面建成小康社会　夺取新时代中国特色社会主义伟大胜利——在中国共产党第十九次全国代表大会上的报告（2017 年 10 月 18 日）》，《人民日报》2017 年 10 月 18 日，第 1 版。

第二节　国家主权与国土安全

国家主权与国土安全都是我们耳熟能详的词语，不过它们也是比较抽象的概念，尽管这些词语看上去与我们的日常生活十分遥远，但实际上，这两个概念无时无刻不在影响着我们，当下中国社会的和平与安宁正是以它们为基础的。只有不断加深对这两个概念的理解，从我国以及世界各国的实践经验出发，才能更好地理解“安全”这个词语所蕴涵的价值。在这一节中我们将分国家主权、主权与人权、国土安全和外交中国家主权的安全四个部分来阐述有关的内容。

一　国家主权

国家主权是每个国家在公认的国际法基本原则制约下，平等享有的管理其国内一切人和物的最高权威，它主要体现为国家对其领域内的一切人和物具有的管辖权，包括领域（属地）管辖权和国籍（属人、属物）管辖权，以及在其对外交往中拥有的独立权、平等权和自卫权。对内管辖权相对容易理解，不过其中也包含公海船只、使领馆人员等特殊情形。而在主权国家享有的对外交往的基本权利中，独立权指主权国家可以按照自己的意志处理本国事务而不受其他国家的控制和干涉的权利，表现为国家行政权力的完全自主性与国家在主权范围内处理本国事务时的排他性，如中国政府不允许外国就涉台、涉藏问题进行干涉，这便是独立权的体现。平等权则指不同的主权国家在国际法上的地位一律平等，主要表现为主权国家在所参与的包括联合国大会在内的各项国际会议上均享有的投票权、在国际活动中独立展示本国国家意志的权利、在外交文件上使用本国文字的权利等。自卫权指主权国家保卫自身存在的权利，即国家使用自己的一切力量进行国防建设，并在面对外部入侵时进行武力自卫的权利，不过，各国也可签订限制军备的条约，确保地区的和平稳定不因军备竞赛而遭到破坏，从而以更经济的方式获得安全保障。

主权的概念和理论来自西方，生活于公元前 4 世纪的古希腊哲学家亚里士多德最早解释了主权思想，他在《政治学》一书中指出，与其余的社会团体相比，城邦国家拥有至高的地位，因为它拥有凌驾于其余社会团体的统治权力。近代对主权观念的重视起源于文艺复兴时期城市和商品经济发达而邦君林立的意大利，古典政治学家马基雅维利在其著作《君主论》中将意大利各邦的分散和弱小归咎于天主教会等外部势力的干涉和破坏，于是他提出了以“国家理性”为核心的专制主义理论，要求君主成为唯一的首脑以行使最高的国家权力，并由这样的专制君主促进意大利地区的统一。法国人博丹亦持类似观点，并认为主权不仅具有至高无上性，还具有时间上的无限性，是君主对斯土斯民的永久性统治权力。与上述绝对主义法学家将主权至高无上性无限外延的观点不同，荷兰法学家格劳秀斯虽然同样将主权定义为不受法律和其他意志影响其行使的权力，但格劳秀斯并不认为主权这一特定政治社会的最高权力在外部也是绝对而无限的，而是主张主权应服从于以人性为基础的自然法和以自然法为基础、由各国签订的国际法的限制，并最终创造出一个以国家主权和自由为基调的世界秩序，所以格劳秀斯又被称为“现代国际法之父”。①

经过历代法学家的不断努力，主权观念在欧洲得以普及，并且成为指导国际关系实践活动的一项国际社会的基本原则，一般认为，欧洲各大国于 1648 年签订的《威斯特伐利亚和约》是主权观念在国家间行为上的第一次实践。两次世界大战和冷战之后，伴随着全球化和多极化的发展，维护世界各国公平公正权益的国际法取代了绝对主权观念，各国主权的概念及其行使越来越规范化，也越来越受到国际环境的影响。此外，主权国家也不再是国际关系中唯一的行为实体，如以欧盟为代表的超国家的区域性主权正不断发展，而全世界规模最大的国际组织——联合国也在某种程度上具有全球主权的性质。在特殊情况下，以联合国为代表的国际社会可以赋予或承认某一地区政治实体的主权，如中华人民共和国取得联合国合法席位、亚非拉前殖民地国家的独立等便是国际社会承认并赋予相应政治实体主权地位的结果。

尽管主权的概念和理论最早产生于西方，并被西方国家用来捍卫自身的独立与国家利益，但在相当一段时间里，主权平等的原则在西方国家和非西方国家的交往中并未得到尊重，这种现象在近代殖民主义和帝国主义国家在全世界的扩张中尤为突出。自 1840 年以来，西方列强在胁迫中国与

---

① 于春苓：《对主权理论的历史性再思考》，《史学理论研究》2002 年第 3 期，第 93 ~ 95 页。

之签订不平等条约时往往不遵守国际法所规定的条约签订准则，肆无忌惮地通过威胁、欺骗等方法为自身牟取更多利益。如在中英《南京条约》中，英国向中国强索的2100万元（墨西哥银圆）赔偿中竟包括补偿英国东方远征军侵华费用的1200万元（墨西哥银圆），并威胁在未交清前继续占领舟山岛和厦门鼓浪屿岛——根据当时和现在通行的国际法规中的战争法惯例，交战国关系在各方签订合约后随即解除，此后战胜国对战败国不得再提出有关战争赔偿的要求，提出的其他要求也必须符合和约的文字和精神，更为蛮横无理的是，在和约签订后，贪婪的英方谈判代表璞鼎查还利用语言的差异，或暗地变动条约内容，或做出单方面有利于英国的解释，甚至在前两种方法无法满足其利益时要求签订新的不平等条约，如依据中方谈判代表提出的“英商归英国自理”的要求骗取了领事裁判权，通过文字游戏将“禁止外国人进入中国腹地考察”转变为“违法进入中国腹地的外国人，应当由中国政府安全递解境外，交由外国处理”等，进一步攫取了中国的主权利益。[①]

在全世界范围内，非洲是受到殖民侵略最为严重的地区，1884年，英国和葡萄牙签订条约，对刚果河口“主权”私相授受的举动引发了列强的不满，于是从1884年11月到1885年2月，在德国的主持下，15个国家在德国首都柏林召开了臭名昭著的“柏林会议”。列强在此次会议上炮制的《柏林总协定书》规定了列强在非洲大陆，尤其是撒哈拉以南非洲扩张的势力范围，拉开了疯狂瓜分非洲的序幕。[②] 即使是主权得到列强公开承认的非洲独立国家埃塞俄比亚，其国土也于1895年和1935年两度遭到意大利侵略。甚至在埃塞俄比亚取得首次抗意卫国战争的胜利后十年，英、法、意三国仍在1906年私下签署了所谓的“三国协定”，决定在“合适的时期”分割埃塞俄比亚领土，并规定了各自占领的势力范围和“承认相互间的权利”，而在墨索里尼法西斯政权发动第二次侵略埃塞俄比亚战争中，列强主导的国际联盟仅执行了象征性的制裁措施，甚至对意军公然违反国际条约使用化学武器的暴行视若无睹，坐视埃塞俄比亚全境沦亡，而埃塞俄比亚在英国军事支持下的复国则是在世界反法西斯战争全面爆发后的1941年。[③]

---

① 茅海建：《鸦片战争与不平等条约》，《历史研究》1992年第4期，第125～133页。

② 严鋕钰：《西方殖民主义者侵略和瓜分非洲的三个阶段》，《广西民族学院学报》1983年第4期，第115～119页。

③ 陆庭恩：《试析三十年代埃塞俄比亚的抗意战争》，《西亚非洲》1985年第6期，第31～34页。

二　主权与人权

基本人权或人的自然权利简称人权，它是指“人因其为人而应享有的权利”，即无论种族、国籍、宗教信仰、贫富等，每个人都应得到的基本对待，而侵犯个人人权的行为同时也违背了属于全人类的道德原则，因此，人权概念兼具普适性和道义性。几乎每个人都具有国籍并因此受到国家主权的统治，而一旦行使不当，强大的国家主权可以轻易地压制个人权益，甚至制造严重的人道主义灾难，因此主权与人权的关系便成为当代国际关系中的一个重要命题。

虽然一些西方发达国家主张所谓的“人权高于主权”的观点，但包括我国在内的很多发展中国家则认为，人权和主权并不是冲突和对立的。首先，主权和人权都是国际法的原则，前者更是国际法的最基本原则，根据主权的管辖权来看，一国的人权问题在本质上是该国的国内事务，故尊重国家的主权乃是国际人权保护活动的先决条件；其次，对人权所包含的权利和自由的保护都是由其所属国家利用其掌握的资源，尤其是立法、司法和行政资源实现的，而在公民的生存和发展权遭到外部侵害时也需要国家行使主权来对其进行保护；最后，从人民主权的角度来看，主权实质上是以一国人民为其主体的集体人权，是这一国家全体人民之意志和利益在政治和法律上的最高和最集中的体现。可见，国家主权是一国人权的基础和基本保障，但其行使亦受到国际和国内两个方面的制约。不过，尽管在国际法及国际条约中明文规定了关于人权问题所存在的各种可以进行国际干预的情况，但外来的干预自然也必须遵循国际法所规定的程序，采取合乎国际法的措施，任何情形下的单边行动都是站不住脚的。[①]

中国共产党在长期的革命过程中一直保持着对人权问题的重视。早在1923年“二七大罢工”时，中国共产党人就提出了“争自由、争人权”的口号，并为此同以吴佩孚为首的北洋军阀政府做了坚决的斗争，而在1935年提出的《八一宣言》中，共产党人既要求全国一致团结抗日，也要求“为人权自由而战”。中国共产党的人权口号绝非空谈，而是在抗日战争的烽火中得到了实践，1941年5月1日颁布的《陕甘宁边区施政纲领》第6

---

① 李林梅：《主权原则与人权的国际保护》，《外交学院学报》1992年第1期，第48～53页。

条规定，“保证一切抗日人民的人权、财权、政权及言论、出版、集会、结社、信仰、居住、迁徙之自由权”，并于1942年2月公布了更为具体，更具执行性的《保障人权财权条例》[①]；中华人民共和国成立后，中国人民的生存权和国家主权的独立从根本上得到了保障，在1954年颁布的《中华人民共和国宪法》中，我国人民的各项基本权利在法律上得到了真正的保障和实现；在1955年4月的万隆亚非会议上，周恩来总理向全世界宣布了我国政府尊重各国主权和基本人权的立场，有力地回击了某些资本主义国家的无端指责；改革开放以来，中国政府高度重视保护和促进人权发展，中国的人权事业也取得了举世瞩目的伟大成就。1991年11月1日，国务院新闻办公室发布了《中国的人权状况》白皮书，阐述了中国政府对人权问题的基本立场和基本国策，这是中国政府发表的第一部白皮书，也是中国关于人权问题的第一份官方文件，此后的历届中国政府均定期发表关于中国人权现状及发展趋势的官方文件，并在认真履行各国际人权文书提出的条约义务的同时，及时向相关条约机构提交履约报告和开展建设性对话。在2004年3月14日的第十届全国人民代表大会第二次会议上，我国将“国家尊重和保障人权”写入宪法。[②] 这一系列举措切实体现了中国政府不断改善中国人权状况的决心和努力。[③]

尽管我国人权事业进步明显，但长期以来，以美国为首的部分西方国家一直打着“人权问题”的幌子，对中国政府正当行使主权的举动指手画脚，近年来，我国人权发展取得了举世瞩目的成就，但外部势力的鼓噪之声仍然不绝于耳，严重威胁了我国的主权安全和社会稳定。

虽然当今世界已经基本摆脱了殖民主义的枷锁，但一些西方国家，特别是信奉霸权主义的大国仍然利用强权政治，甚至采用单边行动主义和新殖民主义的立场，以各种手段继续单方面地干涉发展中国家的内政，根本不顾及国际法的存在和尊严，根本不尊重发展中国家的主权和独立地位，因此发展中国家要不断进行维护主权的斗争。在一系列危害发展中国家主权安全的说辞中，“自由”、“民主”、“人权”和“民族自决”等词语虽然

---

① 吴大英：《人权问题笔谈——我国一贯重视人权问题》，《马克思主义与现实》1991年第3期，第19~20页。

② 龙晟、覃敏珍：《最近期中国人权保障的趋向》，《人权》2011年第1期，第15~16页。

③ 《中国人权法治化保障的新进展》，国务院新闻办公室网站，http://www.scio.gov.cn/ztk/dtzt/36048/37475/index.html，最后访问日期：2018年6月2日。

老套，却仍然具有高度的欺骗性和蛊惑性。我国是世界上最大的发展中国家，也是受近代殖民主义和帝国主义侵略最为深重的国家之一，故我国人民更应该牢固树立主权安全的意识，时刻警惕某些外部势力的言行，有礼有力有节地维护我国主权安全和国家利益。

三　国土安全

国土安全既包括一个国家主权范围内的领陆、领水、领空三个传统国家生存空间的安全，也包括那些原本不属于，但随着科学技术的发展与经济发展需要而成为国家生存空间的新领域的安全，如网域、天域和海洋专属经济区的安全等。可见，国土安全既包含以政治和军事安全等为基础的传统安全部分，也包括受到经济、文化、科技、信息、生态、资源等安全因素主导的非传统安全部分。

我国有着960万平方公里的陆地国土，与俄罗斯、哈萨克斯坦、吉尔吉斯斯坦、塔吉克斯坦、蒙古国、朝鲜、越南、老挝、缅甸、印度、不丹、尼泊尔、巴基斯坦、阿富汗14个国家接壤，陆地边境线总长约2.2万公里，其中1.9万公里在民族地区，故边疆在我国语境中是个广阔的地带。

除陆疆之外，我国还有超过300万平方公里的海洋国土，与韩国、日本、菲律宾、马来西亚、文莱、印度尼西亚6个国家隔海相望。[①] 发展同周边国家的睦邻友好关系是我国外交政策的一贯方针，尤其是以“一带一路”国际合作为中心的一系列外事活动进一步实现了我国与邻国间增进互信、凝聚共识、拓展合作的积极效果，但迄今为止，基于历史和现实原因而造成的领土纠纷，尤其是领海和专属经济区的纠纷仍是我国国土安全领域面临的主要问题之一，并随着近年国际形势的变化而日趋复杂。

陆地边疆是我国对外开放的前沿，也是确保国土安全和生态安全的重要屏障，在全国改革发展稳定大局中具有极为重要的战略地位。为推动边境地区的社会经济发展，20世纪末，党中央、国务院做出了在我国边疆地区实施兴边富民行动的战略决策，并延续至今。当前，我国全面建成小康社会已进入决胜阶段，“一带一路”国际合作加快推进，区域协调发展不断

① 《国务院办公厅关于印发兴边富民行动“十三五”规划的通知》，国办发〔2017〕50号，2017。

深化，脱贫攻坚全面展开，国家对边境地区发展的全方位扶持力度不断加大，我国与周边国家关系的发展进入新阶段，深入推进兴边富民行动正面临着难得的机遇。[①] 2017 年 6 月 6 日，国务院办公厅向国务院各相关单位和各地方政府颁布了印发《兴边富民行动“十三五”规划》的通知。作为国务院“十三五”规划的先声，西藏自治区政府批准实施了《西藏自治区省道网规划（2016—2030 年）》，预计到 2030 年，西藏自治区将建成 8 条快速路、9 条南北纵线、3 条东西横线和 20 条联络线的公路网，规划里程约 18018 千米，实现 7 个地市所在地 30 分钟内上快速路，73 个县城（新设的双湖县除外）15 分钟内上国道，70% 的乡镇 15 分钟内上国省干线的目标；形成使各经济区、城市圈内外交通联系密切，重要城镇间形成多路连通的路网格局。[②] 自治区干线公路密度将达 2.7 千米/百平方千米，是实施前的 2.7 倍，与国家公路网一起形成进出藏主骨架公路运输通道，连接全区所有县级行政区，覆盖约 70% 的乡镇、重要的旅游景区、产业基地、交通枢纽和主要边贸口岸，紧密衔接周边省区市干线公路和其他层次的路网，形成覆盖广泛、能力充分、衔接顺畅、安全可靠的干线公路网络，为推动西藏经济社会长足发展和长治久安提供强有力的交通运输保障。

在国土安全中，主要受政治、军事因素影响的传统安全领域与受经济、文化、科技、信息、生态、资源等影响的非传统安全领域并不是泾渭分明的，在当今世界和平与发展的主题之下，国家尤其是那些在世界上有着重要地位的大国之间的互利合作乃是大势所趋和民心所向，以领土争端为代表的国与国之间的国土安全问题主要通过包括谈判在内的外交手段得以解决，而综合国力的相互竞争，尤其是相关地区通过推动经济发展，进行基础设施建设获得的战略优势，以及国际舆论往往影响到问题解决的成效。作为中国公民，我们应当认识到维护国土安全的正义性和正当性，在遵守国家法律法规的前提下，理性表达自己的爱国呼声。

暴力恐怖活动是当今威胁世界各国国土安全的另一个重要因素，习近平主席指出，暴力恐怖活动漠视基本人权、践踏人道正义，挑战的是人类

---

① 《国务院办公厅关于印发兴边富民行动“十三五”规划的通知》，国办发〔2017〕50 号，2017。

② 《西藏自治区将于 2030 年建成 8 快 9 纵 3 横 20 联省道网》，西藏自治区人民政府网，http://www.xizang.gov.cn/xwzx/shfz/201701/t20170130_119445.html，最后访问日期：2018 年 6 月 12 日。

文明共同的底线，既不是民族问题，也不是宗教问题，而是各族人民的共同敌人，反恐怖斗争事关国家安全，事关人民群众切身利益，事关改革发展稳定全局，是一场维护祖国统一、社会安定、人民幸福的斗争。[①] 我们应当牢固树立对恐怖主义本质的认识，提高对暴力恐怖活动的警惕性，在需要时积极配合国家安全机构的行动，为维护我国国土安全贡献自己的一分力量。

四 外交中国家的主权

国家主权意为一个国家或者政权在独立自主的前提条件下处理自己国家内外部事务的最高权力。国家主权是一个国家固有的权利，是不能被任何人或任何组织所剥夺的。国家主权的存在，是国家与其他社会组织的显著区别，也是辨别一个经济体是不是一个独立国家的重要标志。从国家主权的定义我们可以看出，国家主权的最大也是最鲜明的特点就是独立自主，没有独立自主，这个国家的国家主权就不能说是完整的。

按照权力的内容，国家主权可以分为管辖权、独立权、自卫权、平等权四类。管辖权，指一个国家对于自己领土境内的一切人和事物进行管辖的权利，而且国家有权自行制定属于自己的政治制度和经济制度等管理规定。独立权，指一个国家可以不受外界干预地、完全自主地行使所有事伤的正常权利。自卫权，指国家在面对外界对于自身独立和领土安全的威胁和侵略时进行的必要防卫的权利。平等权，简单来说就是每个国家不论大小一律平等，每个国家在领土、政治、经济、军事、社会制度等方面都会有差异，甚至有些方面天壤之别，但每个国家作为一个独立的政权在国际法上享有完全一致的平等权利。

一个国家的事务可以大致分为内部和外部的事务，而外部事务主要是外交方面的事务。在全球化进一步发展的历史背景下，冷战结束、“一超多强”局面的出现等更加凸显了外交中国家主权安全的重要性。下面对外交中的国家主权安全进行讨论分析。

北京时间 1999 年 5 月 8 日 5 时左右，一架北约的美国轰炸机在这场未

---

① 《切实维护国家安全和社会安定　为实现奋斗目标营造良好社会环境》，《人民日报》2014 年 4 月 27 日，第 1 版。

经联合国授权的轰炸中利用三枚精确制导炸弹，击中了位于塞尔维亚首都贝尔格莱德的中华人民共和国驻南斯拉夫联盟大使馆。当场导致新华社记者邵云环、《光明日报》记者许杏虎和朱颖死亡，炸伤数十人，大使馆建筑遭到严重损毁。[①] 事件发生之后，中国向美国提出了强烈的抗议。

在国内，中国驻南联盟大使馆遭轰炸后中国民众群情激愤，我国政府强烈抗议北约军队的这次粗暴、野蛮的行为，并向美国等北约主要国家发表声明，要求其必须严惩凶手并赔礼道歉。

这次轰炸及之后北约对死伤的受难者及中方被损坏的馆舍进行了经济赔偿。中国政府也对被抗议示威人群损毁的美国馆舍进行了赔偿。中国在贝尔格莱德的大使馆移至乌日策街 25 号大院。

中国驻南联盟大使馆是我国派驻在南联盟的常设外交代表机关。大使馆在当地就代表了整个中国的利益，是负责两国关系的机构。大使馆的人员尤其是大使是由我国国家元首任命的，是国家元首在外的代表。大使馆平时的活动内容都是与自己国家的利益息息相关的，无论促进两国政治关系、加强经济文化联系还是颁发护照等，其目的都是维护国家的利益安全。

从此次事件中我们可以看到，在外交活动中，国家利益和国家主权的维护是最主要的内容，一旦国家利益受到威胁，就会影响我们每个人的生活乃至生命安全。北约公然违反国际法轰炸我国驻外使馆，是对我国主权安全的挑战和破坏，不仅侵犯了我国的主权，而且对我国造成了损害。在事件发生后，无论我国政府在外交上的强烈抗议，还是我国民众的游行抗议，都显示了我国维护国家主权完整和国家利益不受侵犯的坚强决心。在事件的处理上，由于我国政府和广大民众的强烈抗议，北约组织最终进行了道歉和赔偿。在此事件中，我们明白了一个国家一个政权要时时刻刻毫无保留地维护自己的主权安全，在主权受到侵犯的时候要坚决地反对、加以制止、保护自己的利益。

虽然说外交好像离我们普通大众比较远，与我们的关系没有那么密切，但实际上外交背后的国家利益和国家主权的维护与我们每个人都有无比紧密的联系，另外，我们作为这个国家的公民，一旦国家的主权和国家利益受到了破坏，我们安稳幸福的生活也会受到影响，我们拥有的好生活将会

① 吕岩松：《血的见证——中国驻南联盟使馆被炸目击记》，《支部建设》1999 年第 5 期，第 8 页。

被破坏。

那么，在遇到类似的事件时应该怎么做呢？首先，我们应该与自己的同胞紧紧地团结在一起，大家一起组成一个密不可分的整体来与外界的敌对势力对抗；其次，我们个人的、自发的、无组织的活动可能效果不够好，所以我们应该在正确的领导下集体行动，在日常生活中一起维护国家的主权安全。在中国驻南联盟大使馆遭轰炸的事件中我们或许可以得到一些经验。在事件发生之后，我国政府第一时间通过外交途径表达了自己强烈抗议的态度，并对美国等北约国家发表声明，表明了自己的立场，声明中也要求以美国为首的北约必须承担责任；另外，民众方面举行了声势浩大的游行抗议活动（当然游行活动是在法律允许的范围内进行的），通过集体的反对来对凶手进行讨伐。最终，在政府和民众的团结施压下，北约进行了相关的赔偿。

第三节　意识形态领域的安全

意识形态，是一个属于哲学范畴的概念，主要是指人对于事物的认识和理解，包括了人对于一个事物的各类感官认识，是概念、观点、价值观等的总和。意识形态的存在，不是因为人们脑中生来就有的，而是由事物的存在而存在。影响人的意识形态的因素多种多样，包括了人的思维、周围环境等。

根据不同领域，意识形态可以分为两个部分：大众领域的意识形态和政治领域的意识形态。而在意识形态领域，宗教是一个特殊的方面，因此我们在本节第三部分专门讨论。

一　大众领域的意识形态

任何一个社会都有自己的意识形态，没有意识形态的社会是不存在的。而这种大众的意识形态是这个社会中多数人们的“共识”，或者说是这个社会中占据主要地位的思想意识。这种占据主要优势地位的意识形态与其他意识形态相比通常呈现出一种“中立”或“中庸”的面貌，其他的意识形态要么比它保守，要么比它激进，而大众的意识形态则看起来符合大多数人的态度。

意识形态会因外界的干扰而发生变化。当一个组织想要达到他们的目的时，往往会刻意影响社会中的意识形态，将自己的想法通过教育、宣传等方式传入社会中，以此来影响大众的意见和态度。对于一个国家而言，本国社会中的意识形态的利己性是非常重要的。国家可以通过教育、政策等方式来引导社会的大众意识形态维持有利于自己的状态，以便更好地施行自己的政策，实现发展。此外，外界对本国社会大众意识形态的干预会破坏国家的安全和利益，因此国家对于本国社会的意识形态安全十分注重。

国务院在 2017 年 7 月 6 日下发决定成立国家教材委员会的通知，旨在进一步做好教材管理有关工作。并由国务院原副总理刘延东担任国家教材委员会主任。而国家教材委员会所承担的主要职责包括："指导和统筹全国教材工作，贯彻党和国家关于教材工作的重大方针政策，研究审议教材建设规划和年度工作计划，研究解决教材建设中的重大问题，指导、组织、协调各地区各部门有关教材工作，审查国家课程设置和课程标准制定，审查意识形态属性较强的国家规划教材"。①

意识形态关乎整个国家政权的安危。中小学阶段，是青少年成长过程中最为重要的知识吸收与思维形成的阶段，而这一时间段中教育的缺失与教材的错误会造成无法弥补的严重后果。如何编写、谁来指导编写、谁来编写教材，对于教材的内容、所宣扬的立场有很大影响，如果不能把握好合适的意识形态立场，反而传播反动、危险的思想，都会对我国的教育和意识形态产生极大的危害。只有及时发现和铲除这种危险分子和危险思想，才能保证民众接受正确的思想引导，才能维护国家的安全。而后来国务院成立国家教材委员会，并由国务院副总理担任委员会主任，更显示了我国狠抓意识形态安全的决心。

在教材编写过程中，广大爱国网友发挥了极其重要的作用。正是广大爱国网友的长期监督，才让公众发现了教材中的一些错误。此外，对于年轻一代的教育事关民众意识形态的培养，因此至关重要。

在面对类似有关意识形态的事件时，首先，我们要保持清醒的头脑，做出正确的判断，不能被错误的思想所引导；其次，涉及意识形态的问题不是我们个人能够解决的，我们应该在发现问题后，主动向政府工作人员、警察

① 《国务院办公厅关于成立国家教材委员会的通知》，国办发〔2017〕61 号，2017。

等寻求帮助，请他们帮忙辨别并做出处理；最后，我们还可以在事件结束后以此事件为例子向周围的人们宣传，告诉他们不要接受这种错误思想。

二　政治领域的意识形态

政治领域的意识形态指一些阶级、政党或社会运动组织，为实现自己的政治计划而提出的作为行动原则的整体纲领或指导观念，这种观念通常是成体系的思想理论。

而政治领域的意识形态安全主要是指一个政权的政治安全，一旦一个政权的意识形态受到了外界的扰乱，就有可能产生国家的政治安全问题。我国的社会主义和西方的资本主义就是两种完全不同的政治领域意识形态，长期以来，一些敌对势力就一直试图从我国政治领域意识形态方面入手来危害我国国家安全。

在20世纪的50年代初期，美国议员杜勒斯提出了一个新的概念叫“和平演变”。“和平演变”的意思就是不同社会制度的国家采取一种非暴力的“超越遏制战略”，以达到颠覆其他国家的国家制度和社会制度的目的。其中的“和平”指不采用常规的战争手段。以美国为首的西方国家使用贷款、科技、贸易等手段给一些非资本主义国家施加压力，促使其向西方靠拢，最后将其意识形态逐渐演变为资本主义。

“和平演变”观点的提出正值第二次世界大战刚刚结束，当时，社会主义阵营逐步扩大至十几个国家，苏联的强大，使美国一家独大的局面被遏制。此时的西方国家认识到通过一般的战争手段打击社会主义阵营的代价巨大，也不太现实。所以一些西方政治家便提出“和平演变”的策略，想用西方自己的一套价值观念和意识形态思想对社会主义国家的人们（特别是青少年）的思想进行潜移默化的改变，使其逐步接受西方意识形态。

为什么我们要格外注意“和平演变”的发生？因为“和平演变”发生的后果不亚于国土被敌国占领，甚至会因为人民意识形态的改变而造成比战争更加严重的后果。在很早的时候，马克思、列宁就指出在社会主义的初级阶段会存在资本主义复辟的危险，而毛泽东等老一辈领导人一直以来都对“和平演变”保持着警惕。“和平演变”不仅针对社会主义国家，而且实施在所有与西方意识形态不一致的国家里，因此我们一定要居安思危，时时刻刻防范“和平演变”的渗透。

那么，对于“和平演变”，作为中国人民的我们可以做什么呢？我们认为，做好以下几点就可以较好地防范“和平演变”。首先，在思想上我们应该保持正确的立场，明白西方“和平演变”的目的是破坏我们国家的稳定，只要在心里牢牢树立维护国家安全的信念，我们不会因为别人的鼓动而做出错误的事情；其次，我们在遇到与“和平演变”相关的事情时应该积极维护国家利益，可以采取报警、联合群众共同教育制止等方式，坚决维护国家安全；最后，我们要主动以身作则，不做危害国家利益的事，在日常生活中向他人宣传正确的思想观念。

三　宗教渗透

宗教是人们正常精神生活的一部分，宗教信仰自由是我国公民应有的权利。《中华人民共和国宪法》中直接提及宗教的条款有以下两条：

> 第三十四条规定：中华人民共和国年满十八周岁的公民，不分民族、种族、性别、职业、家庭出身、宗教信仰、教育程度、财产状况、居住期限，都有选举权和被选举权；但是依照法律被剥夺政治权利的人除外。
>
> 第三十六条规定：中华人民共和国公民有宗教信仰自由。任何国家机关、社会团体和个人不得强制公民信仰宗教或者不信仰宗教，不得歧视信仰宗教的公民和不信仰宗教的公民。国家保护正常的宗教活动。任何人不得利用宗教进行破坏社会秩序、损害公民身体健康、妨碍国家教育制度的活动。宗教团体和宗教事务不受外国势力的支配。[①]

但恰恰有一些不法分子打着宗教的幌子进行一些违法的渗透、颠覆活动。所谓宗教渗透，就是以破坏社会秩序、颠覆国家的社会制度和政权为最终目的，控制或组建宗教团体，进行各种有关宗教渗透的活动。分析宗教渗透的内容，可以发现其实质就是在宗教活动的掩盖下进行政治颠覆性的活动。

在我国，宗教渗透有三大特征：一是其本质具有政治颠覆性，其目的就是通过扰乱社会正常秩序，攻击马克思主义在我国的指导地位，攻击中

---

① 《中华人民共和国宪法》，中国政府网，http：//www. gov. cn/gongbao/content/2004/content_62714. html，最后访问日期：2018 年 6 月 25 日。

国共产党的领导，破坏社会主义制度和国家统一、民族团结，最终达到其反动的目标；二是与宗教关联，宗教渗透活动始终以宗教活动作为掩护和工具，利用宗教的集聚作用，控制教徒的思想，灌输错误思想，最终达到不可告人的目的；三是涉外性突出，宗教渗透活动往往与境外反华势力关系密切或由反华势力控制。

一些不法分子利用地下教会等团体为幌子，悄悄进行反动渗透活动。一些人加入的虽然是“教会”，做的却不是正常的宗教团体应做的事，而是借着教会组织试图达到自己的目的。他们的反动思想不是凭空产生的，而是受到反华势力的影响。

在一些地下教会中，经常有一些反华势力或受其影响的人，借着宗教的名义暗地宣传反华言论，悄悄给信众进行洗脑，使得不明真相的民众听从他们的指挥，最后试图达到自己反华的险恶目的。而这种行为的后果，不仅伤害了信众虔诚的信仰，而且让自己受到了法律的严惩。

在生活中经常会有人借宗教信仰的名义来诱使人加入他们，进而进行反动活动，我们一定要保持清醒的头脑，学会辨别这种骗局。首先，在生活中遇到有人向我们推荐类似的宗教内容的时候，我们一定要保持足够的警惕，不能因为对方宣传的是宗教信仰的内容就放松警惕，而且在我国公民的宗教信仰是自由的，正常的宗教活动也一定是在政府和正规宗教协会的引导下进行的，私下小规模的宣传活动很有可能会危害正常的宗教活动；其次，我们不能轻信对方的言论，要用理智去判断其言论的正确与否，不能盲目跟从。

我们要始终牢记，我国的宪法以及许多法律法规中都明确规定了公民有宗教信仰自由，可以参加正常的宗教活动，但宗教渗透这种活动其本质是为了进行颠覆破坏，宗教只是其外表的伪装而已，我们在生活中一定要注意辨别正常的宗教活动和宗教渗透，保护自身安全，也维护国家安全。

第四节　军事安全

世界多极化、经济全球化、社会信息化的深入发展，进一步推动了全球各国形成人类命运共同体的历史进程，和平发展合作共赢成为不可阻挡的时代潮流。然而在很多情况下，国家的主权独立和领土完整仍然需要使用武力手段进行保护，故军事安全自古以来一直是国家安全最为基本的内容，是一个主权国家得以生存和发展的基本条件之一，在习近平主席提出的总体国家安全观中也具有突出的地位。

传统意义上的军事安全所关注的主要是国家对外来军事威胁的应对方式和应对能力。不过，自“9·11”事件爆发以来，由基地组织、“ISIS”等高度军事化的恐怖组织施行的各种暴力恐怖活动已然成为全世界和平与安全的主要威胁之一。而在近年叙利亚、乌克兰等国爆发的地缘政治危机中，由国内外势力驱使的武装颠覆活动也对当事国家的军事安全构成了重大威胁。故在对外维度的军事安全之外，我们也应当加强对内维度的军事安全。

一　世界军事安全情况概览

虽然和平与发展仍是当今世界的主题，世界军事安全也维持了总体平稳的基本态势，但近年来影响世界军事安全的不稳定因素明显增多。在战火纷飞的中东地区，由“阿拉伯之春”等政治运动引起局部动荡亦无休无止。[①] 由于美国政府在耶路撒冷等问题上的一意孤行，巴以和平进程遭遇重大挫折；叙利亚的全国和解遥遥无期，“伊斯兰国”衰微后，跨区域内多国边境的库尔德武装问题逐渐浮出水面，进一步加剧了地区的动荡局势；以什叶派为主的伊朗在中东地区的影响力逐渐扩大，引起以沙特为首的逊尼派国家的警惕，其国内反对势力也暗流涌动，随时有爆发战争的可能。“伊斯兰国”势力虽已式微，但仍未彻底覆灭，其人员也经各种渠道向世界各地流散，世界各国，尤其是遭遇难民危机的欧洲国家的恐怖活动碎片化趋势显著，宣誓效忠“伊斯兰国”的恐怖组织如博科圣地、索马里青年党等仍在一些亚非发展中国家肆虐，全球反恐局势依然严峻。

中东以外，亚太地区军事安全也应被给予关注，中国周边军事安全形势虽总体可控，但仍出现新的变数。例如，塔利班武装仍在阿富汗和巴基斯坦北部的部分地区活跃，并屡屡制造恐怖袭击；缅甸政府和民地武之间冲突不断，难民正逐渐成为周边各国边境管控的不确定因素；中国同东盟国家就制定《南海各方行为准则》达成框架协议后，南海争端已经逐渐降

① 孟祥青、方珂：《2013 年世界军事安全形势：波澜不惊　热点依旧》，《当代世界》2014 年第 1 期，第 10～14 页。

温，但美国却仍以“维护航行飞越自由”为借口对南海进行所谓“定期巡航”，有意加剧地区的紧张局势；朝鲜半岛危机已经成为影响我国周边军事安全的主要因素，朝鲜方面多次进行核、导试验，美、韩、日则用规模不断升级的军事演习予以回应，而削弱中国战略核威慑能力的萨德（THAAD）系统部署问题也使得中韩两国的外交关系一度陷入了低谷[①]；美国试图通过与各盟国的“军事一体化”，优化调整其军事力量在全球的布局，建立一个以美国为首的军事安全网络；作为美国在亚太地区最重要的盟友，日本在其新安保法案中亦突出“联合机动防卫”的方针，谋求提升日本在以《美日安保条约》为基础的日美军事同盟中的地位，力图摆脱《和平宪法》，解禁集体自卫权，并为此不断发展各类进攻性武器，逐渐打破了亚太军事战略的平衡态。近年来，一部分日本政客以钓鱼岛“国有化”为基础，不断炒作东海问题，强化日方在西南方向岛屿的兵力部署，推动构建“日美韩”“日美澳”“日美印”等多边军事联盟关系，其矛头显然直指中国。[②]

除中东、亚太两大热点区域外，在中东欧地区，尤其是乌克兰东部，欧洲各国同俄罗斯的对抗也有所升级，北约在罗马尼亚和波兰部署反导系统的行为招致俄方不满。全球范围内核扩散、海盗、贩毒、武器走私等威胁世界军事安全的因素有增无减。北极冰川的消融原本是全球性的环境危机，却因其战略位置和丰富资源成为有关国家军事博弈的“新舞台”。尤其值得注意的是，随着世界各大国军事革命不断深入推进，国际战略格局也迎来了调整演变的加速期，围绕深海、太空、网络等战略“新边疆”的争夺日益激烈，而信息安全、网络安全也成为各国间军事安全竞争的新焦点，迄今为止，全球已有 47 个国家组建了网络作战部队，100 多个国家具有开发网络武器的能力。[③]

二　我国周边军事安全环境的演变

自中华人民共和国成立以来，我国的军事安全环境与国际局势的大环境和周边国家的国内形势密切相关，并随国际局势的演变发生了多次变化。

自中华人民共和国成立后到冷战结束，我国来自外部的重大军事威胁

---

① 郑继永：《引入“萨德”韩国后患无穷》，《光明日报》2016 年 7 月 30 日，第 5 版。

② 董栓柱：《2017——国际军事安全新趋势》，《新华月报》2018 年第 3 期。

③ 袁国强：《网络安全是军事安全的焦点》，《解放军报》2018 年 1 月 19 日，第 11 版。

和局部的小规模军事冲突持续存在。在20世纪50年代前期，我国外部的军事威胁主要来自美国，由于美国支持的国民党政权的溃退，新生的中华人民共和国无疑成为美国“麦卡锡主义”所针对的对象，作为回应，美国方面确立了遏阻“亚洲共产主义扩张”的亚太地区军事安全政策，并先后同日、韩、澳、东南亚各国以及我国台湾地区的蒋介石政权等签订了《美日安保条约》、《美菲共同防御条约》、《美澳新安全条约》、《美韩共同防御条约》、《东南亚集体防务条约》和非法的“美台共同防御条约”等一系列军事安全条约，构建起了主要针对中国的亚太军事安全条约体系，即所谓“C形包围圈”。虽然抗美援朝战争的胜利，使美国通过朝鲜半岛从陆路彻底包围中国的阴谋破产，但整个20世纪50年代，美方始终从东北（朝鲜半岛南部）、正东（台湾海峡）和东南（东南亚各国及印度）三个方向对中国进行军事压制；到20世纪60年代，由于中苏交恶以及国内遭遇经济困难，我国的军事安全环境一度陷入极端严峻的局面：中国同美苏两个超级大国均处于高度对立之下，甚至同苏联发生了以“珍宝岛事件”为代表的小规模的军事冲突，而美国支持下的蒋介石政权亦有窜犯大陆的阴谋，并不断派出著名的U-2高空侦察机对我腹地进行反复侦察，还妄图以宣传气球等“糖衣炮弹”诱惑处于经济困难状况下的中国军民，此外，虽然同是第三世界的发展中国家，但中国和印度之间也出现了激烈的矛盾，并爆发了短暂的对印反击战；到了20世纪70年代，以中美领导人互访和建交，并与越南发生了对越自卫反击战。虽然后来中苏关系有所缓和，戈尔巴乔夫上任后更是不断向中国示好，但中苏之间的军事紧张局面始终没有改变。

冷战结束后，国家之间的军事冲突明显减少，中国与周边国家的遗留问题也基本得到解决，中国也未再卷入任何国际军事冲突，但对我国军事安全的挑战依然相当严峻：1996年，国民党在台湾地区选战中失利，以李登辉为首的抱有强烈“台独”主张的民进党上台，诱发了两岸以及中美之间的第三次台海危机，虽然此次危机并未造成中美两国间真正意义上的军事对峙，但此后美方却不断向我国寻衅，但在我国领导人的努力下，两国关系有所缓和；嗣后，由于美国战略重心转向中东和反恐，中美之间的对抗逐渐降温，两国关系逐渐好转①。

---

① 张沱生：《中国国际军事安全危机行为研究》，《世界经济与政治》2011年第4期，第106～111页。

近年来，虽然亚太地区的军事安全局势明显升温，但从历史的纵向比较来看，中国目前的军事安全环境仍是总体有利的，中国仍将长期处于可以大有作为的重要战略机遇期。国家综合国力、核心竞争力、抵御风险能力正显著增强，国际地位和国际影响力也将进一步提高。

三 我国的军事战略

军事战略是筹划和指导军事力量建设和运用的总方略，自中华人民共和国成立以来，中国一直秉承积极防御的军事战略方针。积极防御军事战略方针是从土地革命时期毛泽东的积极防御的军事斗争战略思想中发展演变过来的。毛泽东的积极防御战略思想有两个基本特征：一个是战争的自卫性和防御性。强调在总体战略上采取“后发制人”的主张，以“人不犯我，我不犯人，人若犯我，我必犯人”为基本原则，以“在防御形势之下战胜敌人”为主要目标。积极防御军事战略另一个基本特征是积极性，即把各种各样的作战活动和战争的发展进程视作一个有机的整体，从宏观上统一进行筹划与指导。在具体内容上，积极防御的军事战略要求在总体战略上采取防御的形式，在战术上积极主动地同敌人进行军事斗争，能动地夺取最终的胜利，主要表现为防御、进攻的有机结合和内线、外线斗争的灵活运用，如战略内线防御时的战役战斗，以及适时将战略上的内线防御导向战略上的外线进攻等。此后，虽然我国军事战略发生过几次大的调整，如受海湾战争的影响，1993 年中央军委制定了以打赢现代技术特别是高技术条件下局部战争作为军事斗争准备基点的新时期军事战略方针，并在 2004 年进一步将军事斗争的准备基点调整为打赢信息化条件下的局部战争等，但上述调整方针始终没有离开积极防御的战略总纲。① 中华人民共和国国务院新闻办公室在 2015 年 5 月颁布的《中国的军事战略》中指出，积极防御的军事战略思想是由中国的社会主义性质和根本利益，以及中国的和平发展道路的客观要求所决定的②。

为确保积极防御的军事战略能够得到贯彻与落实，为向实现“两个一百年”的奋斗目标和中华民族伟大复兴的中国梦提供坚强的安全保障，为

① 夏立平：《积极防御的中国军事战略》，《学习时报》2005 年 12 月 14 日，第 7 版。

② 中华人民共和国国务院新闻办公室：《中国的军事战略》，《人民日报》2015 年 5 月 26 日，第 10 版。

使崛起的中国能够为维护世界和平、促进共同发展做出更大的贡献，建设巩固国防和强大军队就成为中国现代化建设的战略任务之一。[①] 习近平主席在党的十九大报告中特别强调，要建设一支听党指挥、能打胜仗、作风优良的人民军队，要坚持走中国特色强军之路，构建中国特色现代作战体系，完善和发展中国特色社会主义军事制度，要提高国防和军队建设法治化水平，提高基于网络信息体系的联合作战能力和全域作战能力，还要加强全民国防教育，使军人成为全社会尊崇的职业，进一步巩固军政军民团结，形成军民融合深度发展格局，构建一体化的国家战略体系和能力，并提出了实现强军目标的三个具体阶段。习近平总书记指出，在21世纪中叶，人民军队将成为世界一流军队。除加强军队建设外，我国还将深化武警部队改革，建设现代化的武装警察部队。[②]

古希腊著名的历史学家修昔底德将彻底撕裂古希腊各城邦，最终导致环爱琴海地区古希腊文明衰落的伯罗奔尼撒战争的爆发归咎于传统霸主斯巴达对“希腊－波斯”战争之后兴起的雅典城邦快速增长的军事实力和声望的恐惧，并认为这是使这场战争“不可避免”的根本原因，而雅典与另一强大城邦科基拉的结盟对古希腊各城邦间势力平衡的破坏则是这场争霸战争的直接原因。后世的学者从修昔底德的结论中抽取了“势力”、“恐惧”、“不可避免”和“战争”几个词语，并结合具体的案例和流行的术语，从而总结出了所谓的“修昔底德陷阱”，即新崛起的国家与原有的霸主之间最终必然会爆发争夺霸权的战争。[③] 在当前语境下，“修昔底德陷阱”的霸权一方无疑是美国，生搬硬套先贤对特定历史事件的解读而鼓吹“中国威胁论”者亦大有人在。但这些论调显然是毫无事实根据的，也是与中国的军事战略完全相悖的。中国将始终高举和平、发展、合作、共赢的旗帜，始终恪守维护世界和平、促进共同发展的外交政策宗旨，始终坚定不移地在和平共处五项原则的基础上发展同各国的友好合作，推动建设相互尊重、

---

① 《中央军委颁发〈军队建设发展“十三五”规划纲要〉》，《人民日报》2016年5月13日，第1版。

② 《决胜全面建成小康社会　夺取新时代中国特色社会主义伟大胜利——在中国共产党第十九次全国代表大会上的报告（2017年10月18日）》，《人民日报》2017年10月28日，第1版。

③ 晏绍祥：《雅典的崛起与斯巴达的“恐惧”：论“修昔底德陷阱”》，《历史研究》2017年第6期，第123～125页。
熊文驰：《“五十年危机”：战争何时“必然”到来？——修昔底德〈伯罗奔尼撒战争史〉片论》，《外交评论》2013年第5期，第1～2页。

公平正义、合作共赢的新型国际关系。中国的发展不对任何国家构成威胁，无论中国发展到什么程度，永远不称霸，永远不搞扩张。[①] 因中国进行正当的国防建设而导致的所谓“中国威胁论”也自然休矣。

第五节　核安全

核能的发现和利用是科学技术发展史上最重大的成就之一，它给人类社会发展带来了取之不尽的清洁能源，然而，核能自面世以来便是一把双刃剑，核攻击、核扩散、核事故和核恐怖主义都具有跨越国界的影响力与破坏力，核安全已成为全球性的安全问题，理应成为全球治理的重要领域。对于我国这样的核大国而言，核安全的重要性是不言而喻的。2017 年 8 月，经全国人大常委会审议，我国通过了《核安全法（草案）》，这也正说明了它的重要地位。[②]

一　核能与核安全

物质是由原子构成的，原子又是由质子、中子所构成的原子核和沿着原子核外轨道运动的电子组成的。组成原子核的质子与中子之间存在巨大的相互作用力，能克服质子之间所带正电荷的互斥而结合为原子核，使原子在化学反应中不发生分裂。虽然维持原子核的力量极为巨大，但原子核一旦发生变化，其释放出的能量也同样巨大，这种能量就是原子核能，简称原子能或核能。

在发现原子能以前，人类只知道世界上有机械能，如蒸汽机运动的动能；有化学能，如燃烧煤炭，在带来温暖和动力的同时排放出二氧化碳等气体；有电能，当电流通过白炽灯丝后发出的热和光；有重力势能，来自上游高处的水流推动水车等。但这些能量的释放并不会改变物质的质量，只会改变能量的形式，而核裂变和聚变却能放出带有质量的中子，于是物

① 《决胜全面建成小康社会　夺取新时代中国特色社会主义伟大胜利——在中国共产党第十九次全国代表大会上的报告（2017 年 10 月 18 日）》，《人民日报》2017 年 10 月 28 日，第 1 版。

② 张钰羚：《核安全立法的历史沿革与现实思考》，《华北电力大学学报》（社会科学版）2017 年第 6 期，第 37 ~ 43 页。

质的质量就会发生改变。根据伟大的科学家阿尔伯特·爱因斯坦提出的质量－能量转化方程 $E = mc^2$①，如果在核反应中有 1 克物质全部转化为能量，那么它所转化出的能量大约相当于 2500 万度电，是常规状态下燃烧 36000 吨煤所释放的全部热能；而在核电站反应堆等核设施的实际生产中，1 千克常见的核燃料铀 235 完全裂变时产生的能量约相当于 2700 吨标准煤或 2000 吨石油燃烧所释放的能量。不过，由于核反应的能量过于巨大，我们并不能像烧柴烧煤一样直接将其用于生产，而是要通过用核反应堆来加热水，使水变成水蒸气，然后用水蒸气来推动涡轮发电机的方式间接地利用核能。

截至 2017 年 12 月 1 日，全球共有 30 个国家拥有着运行中的全部 448 台核电机组，总净装机容量为 3.92 亿千瓦；另有属于 16 个国家的总净装机容量为 6037 万千瓦的 59 台核电机组正在建设中；还有属于 23 个国家，计划中建设的 159 台核电机组，总装机容量为 1.64 亿千瓦；此外，还有 32 个国家有意在未来建设总装机容量为 4.02 亿千瓦的 351 台核电机组。目前，全球约 11% 的电力是原子能发电厂提供的，其中，美国拥有世界最大的核电规模，全国共有在运核电机组 99 台，位居世界第一，比第二名的法国多出 41 台，其核发电量约占全球核发电量的 32%；而法国在运核电机组数目和核发电量均排在世界第二，但从国内发电量比例上来看，法国核电发展水平最高，其国内核电站发电量占总发电量的 75.3%，而中国（包括台湾地区）的核发电量紧随美、法之后，位居世界第三。虽然我国是核发电量最多的亚洲国家，但核电站发电量占总发电量之比最高的亚洲国家是韩国，其核发电比高达 30.3%，日本则拥有亚洲数目最多的在运核电机组，共 42 台。② 不过，在可预见的未来，我国将是全球核电发展速度最快的国家，无论正在建设的机组数目，还是计划中建设和拟建机组的数目都处于遥遥领先的地位。故核安全对于我国而言尤其重要。

从广义上来说，核安全是指客观上免受核威胁、主观上消除核恐惧的状态以及为实现这一目的而采取的各类措施，既包括由各有核国家主导的核军控和核裁军行为，也包括在全球范围内防范核扩散和核恐怖主义、推

---

① E 代表完全释放出来的能量，单位是焦耳，m 代表质量改变量，单位是千克，c 代表真空中的光速 299792458 米每秒，故 1 克物质所对应的能量约等于 9×10^{13} 焦耳，而 1 度电的能量则是 3.6×10^6 焦耳。

② 赵宏、戴定：《世界核电发展仍具前景》，《中国核工业》2017 年第 12 期，第 57～59 页。伍浩松、戴定：《世界核电现状》，《国外核新闻》2017 年第 7 期，第 14～16 页。

动和平利用核能并防止和平利用核能过程中的核意外等一切与核相关的安全问题。而从狭义上来看，核安全是指为了防止核事故发生以及限制发生事故以后的各类后果的措施，既包括对核材料、核设施等重要目标的安全保卫工作——其防范的对象主要是包括恐怖组织在内的外部势力对核材料、核设施所进行的非法进入、偷盗和破坏等各类恶意行为，也包括由核材料、核设施的不安全生产、运输以及储存等导致人员、社会和环境等遭受以放射性危害为主的后果。目前，全球核安全仍存在一定的不确定性，核材料与核技术依然有被滥用的危险，各种渠道的非法核交易甚至随着全球局势的复杂化而有所增长，这些都使得人类历史上从未发生过的核恐怖袭击及其灾难性后果成为全人类所面临的现实性安全问题。①

为解决全球性的核安全问题，尤其是核扩散导致的核恐怖袭击的威胁问题，2010～2016 年，世界各国共召开了四次全球核安全峰会。在 2014 年 3 月 24 日于荷兰海牙举办的第三届核安全峰会上，受时任荷兰首相吕特邀请，中国国家主席习近平在会上发表了主旨讲话，在讲话中，习主席向与会各国的代表们全面阐释了我国以“四个并重”为主旨，“四个坚定不移”为根本的中国关于核安全问题的立场②，并提出了推动构建一个公平、合作、共赢的国际核安全体系的美好愿望③。而在 2016 年 4 月 1 日于美国华盛顿举行的第四届核安全峰会上，针对国际核安全体系建立的问题，习近平主席又发表了题为“加强国际核安全体系　推进全球核安全治理”的重要讲话，在讲话中，习主席进一步指出，世界各国应当要以强化政治投入，把握标本兼治方向；强化国家责任，构筑严密持久防线，强化国际合作，推动协调并进势头；强化核安全文化，营造共建共享氛围，“四个强化”为核心，进一步推动构建国际核安全体系。习主席并代表中国做出以下五点承诺：第一，中国将构建核安全能力建设网络；第二，中国将推广减少高浓铀合作模式；第三，中国将实施加强放射源安全行动计划；第四，中国将启动应对核恐怖危机技术支持倡议；第五，中国将推广国家核电安全监

① 梁长平：《全球安全治理视野下的核安全》，《阿拉伯世界研究》2013 年第 3 期，第 41～42 页。

② “四个并重”即发展和安全并重、权利和义务并重、自主和协助并重、治标和治本并重；“四个坚定不移”即坚定不移地增强自身核安全能力、坚定不移地参与构建国际核安全体系、坚定不移地支持核安全国际合作、坚定不移地维护地区与世界和平稳定。

③ 翟边：《建立以公平促合作、以合作求共赢的国际核安全体系——第三届核安全峰会综述》，《国防科技工业》2014 年第 4 期，第 12～13 页。

管体系。[①]

虽然我国仍对一些核安全倡议持保留或观望态度，但中国历来是全球核安全主要条约和各类重要倡议的缔约国、参与者，并在一些地区的核危机谈判、核技术发展和核安全合作中始终扮演着推动者和领导者的角色，一如既往地切实扮演好了“负责任的核大国”的角色，可以预见的是，在不远的将来，中国将继续对全球核不扩散体制的发展、国际核安全秩序的演进以及国际核安全治理体系的建立起到至关重要的推动作用。

二 当代核安全问题

作为一种对环境相对友好的清洁能源，核能对推动人类文明的发展起到了巨大作用，然而核武器也是有史以来威力最强大的武器。1945 年 8 月 6 ~9 日,美国对日本广岛和长崎的使用原子弹进行的轰炸是人类历史上仅有的两起核攻击事件，虽然此举起到了结束反法西斯战争的正义目的，但核武器的恐怖也使人侧目：广岛和长崎两地直接死于核爆的人数高达 17. 6 万人（其中广岛 8. 8 万余人，长崎 8. 6 万余人），而幸存者在其余生中也饱受癌症、辐射性白血病和高温导致的皮肤灼伤等后遗症的折磨。据日本官方统计，迄今为止，两座城市因直接或间接受原子弹伤害而死亡的人数分别超过 25 万和 14 万。显然，核战争的毁灭性后果将是人类社会不能承受之重，于是在二战结束后，国际社会就为防止核武器进一步扩散，推动核大国进行核裁军，以及实现惠及世界各国的核能和平利用而进行了一系列努力。作为国际核安全领域的根本性成果，1970 年 3 月 5 日，《不扩散核武器条约》正式生效，这一条约是国际军控领域最基本的条约，是国际核不扩散机制的基石。而在 1996 年 9 月 10 日，第 50 届联合国大会高票通过了《全面禁止核试验条约》，该条约使得人类向着一个没有核战争威胁的未来迈出了重要的一步。

然而，尽管国际社会为防止核武器和核战争做出了重要努力，但仍有极少数的国家基于各类理由继续积极寻求获取核武器和拥核国家地位的机会，对一些国家的历次核试验，我国均表示坚决反对并予强烈谴责。实现

---

① 《加强国际核安全体系　推进全球核安全治理——在华盛顿核安全峰会上的讲话》，新华网，http：//www. xinhuanet. com/world/2016 - 04/02/c_ 1118517898. html，最后访问日期：2018 年 6 月 26 日。

无核化、维护全球核不扩散体系、维护地区的和平与稳定，既是中方的坚定立场，也是国际社会的普遍意愿。

在国家层面的核扩散威胁之外，如前所述，核恐怖主义也是受到世界各国高度关切的重要核安全议题。臭名昭著的基地组织早在 1993 年就开始尝试获得高浓缩铀，1998 年，该组织成员马姆杜·马穆德·萨利姆在德国被捕，其所受指控之一便是企图获得高浓缩铀。除了基地组织，近年来兴起的“伊拉克与黎凡特伊斯兰国（即 ISIS）”恐怖组织也对核攻击“青睐有加”，除了多次宣称要对西方各国进行核袭击之外，该组织已被证实于 2014 年 7 月夺取了位于伊拉克北部城市摩苏尔的摩苏尔大学中大约 40 千克用于科研的铀化合物，伊拉克常驻联合国代表认为，尽管数量有限，但一旦恐怖组织获得相关专家的协助，他们就可以利用这批原料实施袭击，甚至可以制造大规模杀伤性武器。①

即使是在核能的和平利用情况下，核安全威胁仍无处不在。1953 年，美国建成了世界第一座小型核发电厂，而在 1960 年，第一座商用核电厂——扬基核电厂也在美国投入营运。经过漫长的努力，核动力已经是一项成熟并具有高度安全保障的技术。然而核能毕竟不同于其他能源技术，其潜在危险性十分巨大。与常规电厂相比，核电站的危险主要来源于以下三点。

首先，核反应堆能够达到的功率远比设计功率强大，因此需要对反应堆不断进行冷却，而一旦因自然因素或人为因素使得冷却机制失效，堆芯温度将在短时间内骤升，高热很可能烧毁乃至炸毁反应堆的保护设施，引发严重的核泄漏，造成辐射污染甚至放射性灾难，那些有史以来最为严重的核事故，如 1979 年 3 月 28 日发生的美国三哩岛（*Three Miles Island*）核事故、1986 年 4 月 26 日发生的苏联切尔诺贝利核电站事故、2011 年 3 月 11 日东京电力公司福岛第一核电站四机组接连爆炸并泄漏所引发的生态灾难等均属此类。

其次，核反应堆裂变释能过程同时伴有放射性辐射，很有可能对防护不当的工作人员造成辐射损伤，即使长期遭到辐射的部件，如乏燃料储存池中的一小段水管，也会带有强烈的放射性，一旦保管不慎流入社会，其后果将不堪设想。此类事件以 1987 年 9 月发生在巴西戈亚尼州首府戈亚尼

① 章远：《中东地区的核恐怖主义威胁与核安全》，《阿拉伯世界研究》2018 年第 1 期，第 59 ~ 63 页。

亚市的放射性污染最为严重①，在当年9月13日，两名清洁工在一所已经搬迁的癌症门诊中撬开了一台废弃的治疗仪器，取走了仪器中装满放射性同位铯-137的金属罐（放射源装置）并将其拆解，放射物质于是泄漏，两位清洁工仅3小时候就出现了恶心、呕吐、腹泻的反应。9月18日，一位废品回收商买走了这个罐子，更多人因此被暴露在强烈的辐射中，造成了严重的放射污染。在这起事故中有14人受到过度照射，其中4人于4周内死亡，还有249人和85间房屋受到辐射影响，据说，由于擦拭过放射性物质的纸张后来被回收并制造手纸，戈亚尼亚城中许多人不知不觉用上了“放射性”手纸，所幸此时的放射物已经稀释，并没有造成严重的后果。

三 核应急措施

既然在利用核能的过程中存在安全隐患，核事故的后果也相当严重，那么，在关注核设施的生产安全之外，作为普通人的我们也自然更应该关注核应急措施，以及在核暴露环境下的自我保护。国务院新闻办在2016年1月发表的《中国的核应急》白皮书将核应急定义为以控制核事故、缓解核事故、减轻核事故后果等为目的而采取的不同于正常秩序和正常工作程序的紧急行为，是政府主导、企业配合、各方协同、统一开展的应急行动②。一旦发生核事故，有关部门将按照核事故的严重等级，在第一时间组织专业力量、装备和物资等开展工程抢险工作，努力使核设施恢复到安全状态，防止或减少放射性物质向环境释放，及时研判事故发展趋势，评价辐射后果，判定受影响区域范围。如果事故已经或可能导致放射性污染，相关部门将会及时安排一定区域内公众服用抗辐射药物，组织核应急医学救援力量实施医学诊断、分类，开展医疗救治，采取措施去除或降低人员、设备、场所、环境等遭受的辐射。若事故较为严重，工作人员会在适当时机组织受辐射影响地区人员采取隐蔽、撤离、临时避迁或永久迁出等应急防护措施，避免人们受到进一步伤害。除了针对核事故影响本身，工作人员还会对受到核事故影响的公众开展心理援助，以抚慰人们的情绪，并减轻社会恐慌。显然，在核事故发生时，我们最应做到的是服从国家工作人员的指

---

① 〔巴西〕Olivera AR 等：《GOIANIA 事故的医学和有关问题概述》，季传杰节译，《国外医学（放射医学核医学分册）》1991年第15卷第3期，第110~112、122页。

② 国务院新闻办公室：《中国的核应急》白皮书，2016年1月27日。

挥，有条不紊地接受辐射的排查，一旦不幸受到辐射污染，则更要听从医生的指挥接受相关治疗，不应过分恐慌，更不应在事实尚未明确的情况下传播各种不实消息。若核事故一旦发生，各国家部门、省（区、市）政府和核设施营运单位都会适时向社会发布准确、权威的信息，及时将核事故状态、影响和社会公众应注意的事项、需要个人进行防护的措施告知公众。

除了接受国家工作人员的安全指导外，我们应当做足内外两道自我保护措施。对外，我们自然是要减少暴露在辐射环境中的时间，如当放射性烟尘通过时，我们可以躲在较为封闭的建筑物内，关闭门窗和通风系统，有条件的话还可以通过铅板或钢板进行防护。若不得已而进入污染严重的地区时，要用布料等紧紧捂住口鼻，并穿戴多重衣物、帽子、头巾、眼镜、雨衣、手套和靴子等，以减少口鼻和皮肤对放射性物质的吸入和沾染，但在撤离污染区时要将这些受污染的衣服、鞋、帽等脱下并交由相关部门统一进行监测和处理。在经历辐射后，用肥皂水彻底洗净身体是去除皮肤污染最好的方法，若无条件，也可用地下深处的土壤揉擦身体的暴露部分和外衣。对内，则是要防止食用受到污染的水和食品，在核污染发生后，如果尚未获得国家提供的安全饮水和食品，我们应当避免使用湖水、塘水、地面积雪等地表的静止水，而尽可能地使用地下水或快速流动的河水。在饮食方面，奶制品和熟食，尤其是腌制的肉类要比捕捉到的动物和新鲜的植物更容易受到污染，生活在缺少掩体环境下的鸟类、鱼类和水生动物体内积累的辐射要高于陆生动物，同理，生活在地下的穴居动物如野兔、獾、田鼠等和地下块茎根类蔬菜如胡萝卜、马铃薯、萝卜等是较为安全的，此外，表皮光滑的水果和蔬菜如苹果、茄子、西红柿等也比较安全；在处理蔬菜时如条件允许，务必要用肥皂水将其洗净，而在处理肉类时，我们同样要做好防护工作，在剥皮和清洗时戴上手套或用布裹住手，并用肥皂水或流水将肉类彻底洗净。要注意的是，由于动物的骨骼保留了 90% 的辐射，内脏器官次之，因此我们所食用的肉类必须是与骨骼离开至少 3 毫米的肌肉。

本章小结

习近平总书记在党的十九大报告中指出，国家安全是安邦定国的重要基石，维护国家安全则是全国各族人民根本利益所在，故国家安全看似遥远，实则与每个中国公民都密切相关，维护国家安全更是需要全国各族人民的共同努力，“国家兴亡，匹夫有责”，诚哉斯言。

具备相应的基础知识是公民参与维护国家安全的前提。如在政治和文化安全领域，我们应当具备道路自信、理论自信、制度自信、文化自信等“四个自信”，提升辨识和抵御境外势力“人权高于主权”“和平演变”“颜色革命”“民族自决”等反动的、颠覆性的意识形态渗透的能力；在国土安全和军事安全领域则要加强对各类敌对势力活动，如间谍行为的警惕性，避免因无知而受到蛊惑，成为其帮凶，此外，我们还应积极参与到各类捍卫我国国家安全、荣誉和利益的公共活动中去，理性而有力地与各类危害我国国家利益的行为或言论进行斗争；在核安全领域，我们则要必须具备基本的核安全常识，以便在核意外发生时能够保持清醒、镇定的态度，有效区分有用信息和谣言，避免社会因恐慌而发生动荡，使得可以减少甚至避免的灾害损失因人为因素而扩大，在避难时则要听从有关部门指挥，采取正确的防灾、抗灾对策。

参考文献

著作

[1] Barry Buzan. *People, States and Fear: An Agenda for International Security Studies in the Pos - Cold War Era: Hemel Hempstead, Havester Wheatsheaf, Boulder*, CO: Lynne Rienner, 1991.

[2] Peter. Mangold. *National Security and International Relations.* London and New York: Routledge, 1990.

[3] Oliver Wendell Holmes. *In Search of a Post - Cold War Security Structure.* McNair Paper, 1994.

[4]〔英〕巴瑞·布赞：《新安全论》，朱宁译，浙江人民出版社，2003。

[5] 陈书全：《改革开放20年时事概览》，天津教育出版社，1998。

[6] 丁晓雯、柳春红：《食品安全学》，中国农业大学出版社，2011。

[7] 谷叶：《心理因素对安全生产的影响及对策研究》，《中国心理卫生协会第六届学术研讨会暨第二届全国心理咨询师大会论文集》，中国心理卫生协会，2011。

[8] 何秉松：《恐怖主义、邪教、黑社会》，群众出版社，2001。

[9] 胡联合：《第三只眼看恐怖主义》，世界知识出版社，2002。

[10] 胡联合、胡鞍钢著《当代中国社会稳定问题报告》，红旗出版社，2009。

[11] 胡仕林：《群体性事件发生学研究》，中国社会科学出版社，2018。

[12]《简明不列颠百科全书》第4卷，中国大百科全书出版社，1985。

[13]〔美〕拉铁摩尔：《中国的亚洲内陆边疆》，唐晓峰译，江苏人民出版社，2005。

[14] 李慧智：《反恐学》，人民出版社，2003。

[15] 李萌、彭启民:《中国城市安全评论》，金城出版社，2014。

[16] 李雪峰:《中国特色公共安全之路》，国家行政学院出版社，2018。

[17] 刘德斌:《当代国际关系问题》，吉林大学出版社，2003。

[18] 刘茂、王振著《城市公共安全学——原理与分析》，北京大学出版社，2013。

[19] 刘宪权:《刑法学》，上海人民出版社，2012。

[20] 刘跃进:《国家安全学》，中国政法大学出版社，2004。

[21] 卢贵子、金炳镐:《民族理论与民族政策教程》，黑龙江教育出版社，2008。

[22]〔法〕安德鲁·博萨:《跨国犯罪与刑法》，陈正云译，中国检察出版社，1997。

[23]〔德〕马克思、恩格斯:《共产党宣言》，博古译，外国文书籍出版局，1949。

[24] 农业部渔业局:《2014 中国渔业年鉴》，中国农业出版社，2014。

[25] 秦永芳、陈松青:《精神家园的回眸与守望——广西民间故事中的社会主义核心价值观因素阐释》，广西人民出版社，2015。

[26] 上海信息安全研究院:《信息安全辞典》，上海辞书出版社，2013。

[27] 王帆、卢静:《国际安全概论》，世界知识出版社，2010。

[28] 王国强:《国际恐怖主义与反恐怖斗争》，国防大学出版社。

[29] 王逸舟:《全球政治和中国外交》，世界知识出版社，2003。

[30] 魏保军:《影响巨大城市能源安全的因素分析》，载《多元与包容——2012 中国城市规划年会论文集》，中国城市规划学会，2012 年 10 月。

[31] 吴鹏森:《公共安全的理论与应用——改革开放以来我国公共安全研究综述》，中国人民公安大学出版社，2014。

[32] 伍岳琦、林锦炎:《突发公共事件卫生应急管理》，中山大学出版社，2018。

[33] 夏支平:《农村公共危机治理》，社会科学文献出版社，2015。

[34] 徐黎丽:《民族学原理》，人民出版社，2014。

[35] 徐黎丽:《中国边疆安全研究》(一)，社会科学文献出版社，2015。

[36] 严励:《城市公共安全的非传统影响因素研究》，法律出版社，2015。

[37] 叶笃初等编《党的建设辞典》，中共中央党校出版社，2009。

[38] 余潇枫:《非传统安全概论（第二版)》，北京大学出版社，2015。

[39] 余潇枫、徐黎丽、李正元：《边疆安全学引论》，中国社会科学出版社，2013。
[40] 张明楷：《刑法学》，法律出版社，2011。
[41] 赵曼、薛新东：《农村救灾机制研究》，中国劳动社会保障出版社，2012。
[42] 周慧：《城市安全：中国城市运行安全问题的制度性根源》，中共中央党校出版社，2014。
[43] 朱正威、肖群鹰著《中国公共安全评论》（第一卷），金城出版社，2016。

期刊论文

[1] 艾丹：《农药残留对食品安全的影响及对策》，《食品安全导刊》2016年第27期。
[2] 白夜、武英达：《我国森林草原火灾潜在风险应对策略研究》，《林业资源管理》2020年第1期。
[3] 边政：《浅谈预防青少年违法犯罪的相关对策》，《教育教学论坛》2014年第3期。
[4] 陈长宏、陈环等：《食品农药残留污染及预防》，《现代农业科技》2012年第4期。
[5] 陈国阶、何锦峰：《生态环境预警的理论和方法探讨》，《重庆环境科学》1999年第4期。
[6] 陈国生：《海洋资源的开发利用与保护》，《网络财富》2010年第3期。
[7] 陈浩钿：《内蒙古东部干草原牧区的黑灾与白灾》，《中国减灾》1997年第3期。
[8] 陈向阳：《用总体国家安全观塑造新时代中国国家安全——纪念习近平总书记总体国家安全观提出五周年》，《江南社会学院学报》2019年第1期。
[9] 陈子杰：《总体国家安全观视域下维护文化安全的路径》，《忻州师范学院学报》2018年第6期。
[10] 程富海、计文学等：《浅谈森林资源的特征》，《林业科技情报》2002年第4期。

[11] 崔立勇：《出生人口性别比失调的原因与对策分析》，《企业导报》2014 年第 3 期。
[12] 丁诗传、葛汉文：《对冷战后民族分离主义运动的几点思考现代》，《国际关系》2000 年第 11 期。
[13] 樊永华：《假冒伪劣食品爱“下乡”的成因分析及对策》，《新农业》2016 年第 11 期。
[14] 方略：《粮食危机离我们有多远》，《粮食科技与经济》2018 年第 2 期。
[15] 傅铸：《反对美国借口维护人权和自由来干涉我国内政》，《法学研究》1959 年第 6 期。
[16] 高冬梅：《建国以来我国蝗灾防治工作的历史考察》，《河北师范大学学报》（哲学社会科学版）2005 年第 1 期。
[17] 高庆国：《对危害公共安全罪中“公共安全”含义的探讨》，《郑州经济管理干部学院学报》2005 年第 4 期。
[18] 国家林业局：《第八次全国森林资源清查结果》，《林业资源管理》2014 年第 1 期。
[19] 国土资源部：《我国 1.5 亿亩耕地遭污染》，《环境保护》2007 年第 8 期。
[20] 国政、臧润国：《国外濒危野生植物保护模式的研究与借鉴》，《广东农业科学》2012 年第 22 期。
[21] 郝时远：《民族分裂主义与恐怖主义》，《民族研究》2002 年第 1 期。
[22] 和平、于燕华：《中外媒体灾难报道比较研究——以温州 7·23 动车追尾事故新闻报道为例》，《现代商贸工业》2019 年第 10 期。
[23] 侯静、纪成坤：《全球化背景下加强我国打击跨国犯罪的国际警务合作》，《吉林公安高等专科学校学报》2009 年第 4 期。
[24] 湖涛：《内蒙古白（雪）灾及减轻其损失的对策》，《干旱区资源与环境》1989 年第 3 期。
[25] 黄华欣：《内蒙古遭受严重“白灾”》，《中国牧业通讯》2000 年第 3 期。
[26] 李大光：《东海防空识别区与日本错觉》，《人民论坛》2013 年第 36 期。
[27] 李东燕：《联合国的安全观与非传统安全》，《世界经济与政治》2004

年第 8 期。
［28］李红梅：《关于传统安全与非传统安全之比较》，《边疆经济与文化》2005 年第 10 期。
［29］李杰人：《中国水产养殖业的现状及展望》，《饲料广角》2002 年第 4 期。
［30］李林梅：《主权原则与人权的国际保护》，《外交学院学报》1992 年第 1 期。
［31］李禄胜、李江波：《我国出生人口性别比失调寻源及对策研究》，《青海社会科学》2011 年第 2 期。
［32］李双宁：《社会治理视角下对山东省问题疫苗事件的反思》，《管理观察》2017 年第 6 期。
［33］李瑛：《经济全球化与跨国犯罪的防治对策》，《政法学刊》2005 年第 6 期。
［34］梁保安：《论当代中国海疆面临的新挑战》，《宿州学院学报》2010 年第 1 期。
［35］梁长平：《全球安全治理视野下的核安全》，《阿拉伯世界研究》2013 年第 3 期。
［36］刘军、韩冬、黄家忠、徐娜：《基于等级保护下的疾病预防控制信息系统网络安全体系建设》，《职业与健康》2018 年第 6 期。
［37］刘昕：《探究新形势下我国的民族政策与意识形态》，《速读》2015 年第 10 期。
［38］刘彦随：《土地综合研究与土地资源工程》，《资源科学》2015 年第 1 期。
［39］刘优良：《网络恐怖主义对公共信息安全的挑战与对策》，《湖南大学学报》（社会科学版）2017 年第 1 期。
［40］刘跃进：《非传统的总体国家安全观》，《国际安全研究》2014 年第 6 期。
［41］刘跃进：《论国家安全的基本含义及其产生和发展》，《华北电力大学学报》（社会科学版）2001 年第 4 期。
［42］龙晟、覃敏珍：《最近期中国人权保障的趋向》，《人权》2011 年第 1 期。
［43］鲁春霞、谢高地等：《中国草地资源利用：生产功能与生态功能的冲

突与协调》,《自然资源学报》2009 年第 10 期。
[44] 陆庭恩:《试析三十年代埃塞俄比亚的抗意战争》,《西亚非洲》1985 年第 6 期。
[45] 马建珍:《我国突发性公共卫生事件治理缺失与再造》,《中共南京市委党校南京市行政学院学报》2006 年第 3 期。
[46] 马丽:《粮食主产区发展中的财税制度约束及发展思路——一个文献综述》,《现代商业》2017 年第 34 期。
[47] 茅海建:《鸦片战争与不平等条约》,《历史研究》1992 年第 4 期。
[48] 孟祥青、方珂:《2013 年世界军事安全形势:波澜不惊　热点依旧》,《当代世界》2014 年第 1 期。
[49] 倪深海、顾颖等:《近七十年中国干旱灾害时空格局及演变》,《自然灾害学报》2019 年第 6 期。
[50] 牛文杰:《"一带一路"视角下海洋航道安全法律保障机制研究》,《海南广播电视大学学报》2016 年第 3 期。
[51] 潘土养:《两次大地震灾情比较及汶川救灾特色》,《广州社会主义学院学报》2008 年第 3 期。
[52] 戚继元、何铭强:《大数据时代电商物流个人信息安全防范对策研究》,《企业文化》2015 年第 10 期。
[53] 齐文远:《应对中国社会风险的刑事政策选择——走出刑法应对风险的误区》,《法学论坛》2011 年第 26 期。
[54] 邵维国:《论我国刑法中公共安全的内涵及其认定标准》,《中国青年政治学院学报》2002 年第 6 期。
[55] 施雪琴:《战后东南亚民族分离主义运动评述》,《世界历史》2002 年第 6 期。
[56] 舒洪水、王刚:《对我国网络恐怖主义犯罪的探讨》,《山东警察学院学报》2016 年第 1 期。
[57] 宋效峰:《传统安全与非传统安全双重视角下的石油安全》,《科学决策月刊》2008 年第 2 期。
[58] 苏晓洲、张淼淼:《揭开食品保质期"黑幕"》,《中国品牌与防伪》2011 年第 9 期。
[59] 涂成林:《网络化时代城市文化安全机制的建构》,《广州大学学报》2014 年第 8 期。

[60] 王常启、尹新蚕：《国家安全界定问题的理论根源探究》，《学理论》2015 年第 22 期。

[61] 王芳：《我国海洋资源开发规划研究》，《国土资源》2010 年第 11 期。

[62] 王德芬、李清等：《我国水生动物防疫工作现状、存在问题及对策建议》，《中国水产》2014 年第 12 期。

[63] 王建娥：《民族分离主义的解读与治理——多民族国家化解民族矛盾、解决分离困窘的一个思路》，《民族研究》2010 年第 2 期。

[64] 王磊、张志等：《农药残留导致食品安全的分析和建议》，《科技导报》2010 年第 9 期。

[65] 王礼茂：《资源安全的影响因素与评估指标》，《自然资源学报》2002 年第 4 期。

[66] 王历荣：《国际海盗问题与中国海上通道安全》，《当代亚太》2009 年第 6 期。

[67] 王琦：《探讨突发公共卫生事件应急机制的建立》，《中国卫生产业》2013 年第 6 期。

[68] 王世伟：《论信息安全、网络安全、网络空间安全》，《中国图书馆学报》2015 年第 3 期。

[69] 王涛：《屡禁不止的国际武器走私》，《现代军事》2017 年第 5 期。

[70] 王湘林：《论全球化背景下的跨国犯罪》，《国际关系学院学报》2007 年第 1 期。

[71] 王小红、何新华：《当代中东国际恐怖主义根源探析》，《甘肃社会科学》2002 年第 1 期。

[72] 王旭、马禹、陈洪武：《新疆沙尘暴天气的气候特征》，《中国沙漠》2003 年第 5 期。

[73] 王亚宁：《总体国家安全观视角下维护中国边境安全的路径》，《陕西学前师范学院学报》2016 年第 9 期。

[74] 王艳雯：《现代恐怖主义的类型和特点》，《新乡师范高等专科学校学报》2002 年第 3 期。

[75] 王逸舟：《论综合安全》，《世界经济与政治》1998 年第 4 期。

[76] 王占黎、单蕾等：《中国天然气行业 2014 年发展与 2015 年展望》，《国际石油经济》2015 年第 6 期。

[77] 王振家、海洋：《下一个经济引擎》，《光彩》2012 年第 8 期。

[78] 魏斌:《"访民经纪人"幕后黑幕》,《检察风云》2015 年第 16 期。
[79] 吴大英:《人权问题笔谈——我国一贯重视人权问题》,《马克思主义与现实》1991 年第 3 期。
[80] 吴祖立、崔雪森等:《南海台风活动特征及其对渔业活动的影响》,《海洋渔业》2018 年第 5 期。
[81] 伍浩松、戴定:《世界核电现状》,《国外核新闻》2017 年第 7 期。
[82] 谢贵平:《中国陆疆安全的识别、评估与治理》,《国际展望》2016 年第 5 期。
[83] 谢红莉、周芬、汪春龙、赵飞飞、金晓冬、潘妤:《我国突发公共卫生事件 SARS 与 H7N9 应急处置评价》,《温州医科大学学报》2014 年第 10 期。
[84] 熊光清:《为什么要提出总体国家安全观》,《人民论坛》2017 年第 21 期。
[85] 熊文驰:《"五十年危机":战争何时"必然"到来?——修昔底德〈伯罗奔尼撒战争史〉片论》,《外交评论》2013 年第 5 期。
[86] 徐成芳、罗家锋:《试论当前中国意识形态安全面临的主要问题》,《政治学研究》2012 年第 12 期。
[87] 徐黎丽:《"民族问题"与"民族关系问题"的再认识》,《新疆大学学报》(哲学社会科学版)2002 年第 3 期。
[88] 徐黎丽、易鹏飞:《陆疆安全问题的识别与界定》,《云南师范大学学报》(哲学社会科学版)2013 年第 4 期。
[89] 徐黎丽、朱璧莹:《石油资源枯竭后的村庄生计转型研究——以长庆油田所在地甘肃省×××县×××村为例》,《地域文化研究》2017 年第 1 期。
[90] 徐翔:《城市文化安全与中国城市实践》,《南京政治学院学报》2012 年第 6 期。
[91] 徐引弟:《禽大肠杆菌病与沙门氏菌病:流行病学、病原、诊断、防治和公共健康的关注上十分近似》,《国外畜牧学(猪与禽)》2011 年第 1 期。
[92] 严兹钰:《西方殖民主义者侵略和瓜分非洲的三个阶段》,《广西民族学院学报》1983 年第 4 期。
[93] 颜国伟、张轶:《跨国犯罪中的人口贩卖问题》,《上海公安高等专科

学校学报》2014 年第 24 期。
[94] 晏君、王万超:《农业气象灾害发生特点及预防措施》,《河南农业》2017 年第 5 期。
[95] 晏绍祥:《雅典的崛起与斯巴达的“恐惧”:论“修昔底德陷阱”》,《历史研究》2017 年第 6 期。
[96] 杨卫路:《我国粮食安全的若干问题》,《粮食与油脂》2001 年第 11 期。
[97] 殷跃平、刘传正:《2013 年 1 月 11 日云南镇雄赵家沟特大滑坡灾害研究》,《工程地质学报》2013 年第 1 期。
[98] 于春苓:《对主权理论的历史性再思考》,《史学理论研究》2002 年第 3 期。
[99] 于世梁:《由“棱镜”计划反思我国信息网络安全》,《湖北行政学院学报》2013 年第 5 期。
[100] 于志刚、郭旨龙:《网络恐怖活动犯罪与中国法律应对——基于 100 个随机案例的分析和思考》,《河南大学学报》(社会科学版)2015 年第 1 期。
[101] 余潇枫:《从危态对抗到优态共存——广义安全观与传统安全战略的价值定位》,《世界经济与政治》2004 年第 2 期。
[102] 余潇枫、李佳:《非传统安全——中国的认知与应对(1978—2008)》,《非传统安全研究》2010 年第 1 期。
[103] 余潇枫、王江丽:《非传统安全维护的“边界”“语境”与“范式”》,《世界经济与政治》2006 年第 11 期。
[104] 翟边:《建立以公平促合作、以合作求共赢的国际核安全体系——第三届核安全峰会综述》,《国防科技工业》2014 年第 4 期。
[105] 张保平:《我国边境安全的基本态势》,《太平洋学报》2008 年第 4 期。
[106] 张博:《现阶段中国有组织犯罪发展趋势研究》,《山西警官高等专科学校学报》2013 年第 1 期。
[107] 张东岭:《祖国的领土、领海、领空》,《国防》1997 年第 9 期。
[108] 张华林、刘刚:《我国石油安全评价指标体系初探》,《国际石油经济》2005 年第 5 期。
[109] 张立成、董文江:《我国水资源与水质状况》,《环境工程》1984 年

第 2 期。
[110] 张守富、朱彦振:《经济全球化与中国三大安全》,《党政干部论坛》2002 年第 10 期。
[111] 张沱生:《中国国际军事安全危机行为研究》,《世界经济与政治》2011 年第 4 期。
[112] 张文秋、戴继勇等:《我国再生资源标准现状分析》,《品牌与标准化》2011 年第 20 期。
[113] 张晓晴、郭秋菊等:《中国森林资源可持续发展的环境法制保障现状分析》,《教育教学论坛》2016 年第 7 期。
[114] 张义:《水生态安全初论》,《水利发展研究》2017 年第 1 期。
[115] 张钰羚:《核安全立法的历史沿革与现实思考》,《华北电力大学学报》(社会科学版) 2017 年第 6 期。
[116] 张远煌:《中国有组织犯罪的发展现状及立法完善对策》,《法治研究》2012 年第 2 期。
[117] 章远:《中东地区的核恐怖主义威胁与核安全》,《阿拉伯世界研究》2018 年第 1 期。
[118] 赵宏、戴定:《世界核电发展仍具前景》,《中国核工业》2017 年第 12 期。
[119] 赵永琛:《跨国犯罪对我国国家安全的影响及对策》,《公安研究》2000 年第 6 期。
[120] 郑银锋、马广钦:《我国土地生态安全机制构建》,《农业考古》2009 年第 3 期。
[121]《中国人口老龄化发展趋势预测研究报告》,《中国妇运》2007 年第 2 期。
[122]《中华人民共和国食品安全法实施条例》,《口腔护理用品工业》2019 年第 6 期。
[123] 周明:《国际犯罪、涉外犯罪与跨国犯罪关系的厘清》,《江西警察学院学报》2014 年第 5 期。
[124] 朱锋:《非传统安全解析》,《中国社会科学》2004 年第 4 期。
[125] 左凤荣:《透过美对波政策,认识美国对东欧和平演变与后续发展的影响——评宋超〈打造战略支点国家〉》,《世界知识》2019 年第 20 期。

学位论文

［1］王恒：《中国城市人口安全问题研究》，西南财经大学，博士学位论文，2013。

［2］卓夏岚：《论酒后驾车的法律防治》，华南理工大学，硕士学位论文，2010。

［3］姜雅婷：《安全生产目标考核制度的治理效果研究》，兰州大学，硕士学位论文，2018。

［4］程翔：《论危险驾驶行为的刑法规制》，西南政法大学，硕士学位论文，2010。

［5］陈鸿燕：《上海能源安全危机管理研究》，华东师范大学，硕士学位论文，2008。

［6］赵仕玲：《能源法立法研究》，中国地质大学（北京），硕士学位论文，2008。

［7］尹嘉慧：《能源消费结构对我国能源安全影响力研究》，天津商业大学，硕士学位论文，2014。

［8］赵仕玲：《能源法立法研究》，中国地质大学（北京），硕士学位论文，2008。

［9］张小鸥：《论个人信息泄露的防治》，河北大学，硕士学位论文，2013。

［10］张洁：《论信息伦理建设》，华东师范大学，硕士学位论文，2005。

［11］毛磊：《恐怖主义威胁与中国的反恐政策》，复旦大学，硕士学位论文，2006。

［12］王学妍：《德国媒体中的中国国家形象——以新疆乌鲁木齐暴乱事件为例》，重庆大学，硕士学位论文，2010。

［13］孙统达：《突发公共卫生事件引起的反思及对策研究》，浙江大学，博士学位论文，2004。

［14］丁天赞：《突发公共卫生事件应急反应体系和运行机制的研究》，山东大学，硕士学位论文，2005。

［15］王婧：《中国中西部农村地区传染病监测和预警系统能力评估及其对策研究》，复旦大学，硕士学位论文，2010。

［16］黄法如：《加强突发公共卫生事件应急能力建设研究——以新余市为

例》，南昌大学，硕士学位论文，2009。
[17] 韦益金：《火灾与聚落空间的调适研究》，广西师范大学，硕士学位论文，2013。
[18] 单广宁：《舟曲泥石流灾后重建的民族学研究》，兰州大学，博士学位论文，2015。
[19] 贺旋：《基于国家金属资源安全视角的城市矿产开发利用战略研究》，桂林理工大学，硕士学位论文，2015。
[20] 孙萍萍：《实物型水资源资产核算研究》，河北工程大学，硕士学位论文，2017。
[21] 王锐：《黑龙江省国有林区森林资源安全问题研究》，东北林业大学，硕士学位论文，2013。
[22] 张朝晖：《新源县畜牧资源利用的供需平衡分析》，新疆农业大学，硕士学位论文，2014。
[23] 武庆山：《中国石化企业跨国并购研究》，复旦大学，硕士学位论文，2006。
[24] 黄艳：《我国天然气供应安全指数构建及应用》，暨南大学，硕士学位论文，2015。
[25] 曹樱：《科学技术在自然演化态向人类生存环境引入中的作用探析》，东北大学，硕士学位论文，2009。
[26] 刘纯颖：《反恐怖主义立法完善研究》，大连海事大学，硕士学位论文，2015。
[27] 樊杰辉：《论当代恐怖主义的根源》，山东师范大学，硕士学位论文，2013。
[28] 张晓萍：《〈形势与政策〉课程中国家安全教育强化研究》，南昌大学，硕士学位论文，2016。
[29] 刘灿国：《列宁国家安全思想及现实启示》，山东师范大学，博士学位论文，2014。
[30] 王芳：《美国国会与美国对华人权外交政策》，复旦大学，博士学位论文，2004。

法规条例

［1］新疆维吾尔自治区人大常委会：《新疆维吾尔自治区去极端化条例》，2018 年 10 月 9 日。
［2］国务院新闻办公室：《新疆的反恐、去极端化斗争与人权保障》白皮书，2019 年 3 月 18 日。
［3］国务院办公厅：《国务院办公厅关于印发兴边富民行动“十三五”规划的通知》，国办发〔2017〕50 号。
［4］国务院新闻办公室：《中国的核应急》白皮书，2016 年 1 月 27 日。

报纸文章

［1］《决胜全面建成小康社会　夺取新时代中国特色主义伟大胜利——在中国共产党第十九次全国代表大会上的报告（2017 年 10 月 18 日）》，《人民日报》2017 年 10 月 28 日，第 1 版。
［2］《切实维护国家安全和社会安定　为实现奋斗目标营造良好社会环境》，《人民日报》2014 年 4 月 27 日，第 1 版。
［3］郑继永：《引入“萨德”韩国后患无穷》，《光明日报》2016 年 7 月 30 日，第 5 版。
［4］袁国强：《网络安全是军事安全的焦点》，《解放军报》2018 年 1 月 19 日，第 11 版。
［5］夏立平：《积极防御的中国军事战略》，《学习时报》2005 年 12 月 14 日，第 7 版。
［6］国务院新闻办公室：《中国的军事战略》，《人民日报》2015 年 5 月 26 日，第 10 版。
［7］新华社：《中央军委颁军队建设发展〈“十三五”规划纲要〉》，《人民日报》2016 年 5 月 13 日，第 1 版。

网络资料

［1］联合国：《2019 年地球上的人口将达到 77 亿》，http：//www. uux. cn/

viewnews - 94638. html。

[2] 腾讯网：《关于山西长治联盛长虹煤业有限公司“3·9”顶板事故的通报》，https：//mp. weixin. qq. com/s？ src = 3&timestamp = 1591435682&ver = 1&signature = kTpZ93NfBVharfFpl5pC6HQrkdU5FUf9izNb34OmmatJ4 * 8BlUrQgt2sISAoAGccCUh7H0cRu5XbdqSllss6KQdOKVazodpnPMsphbgU2aO9anr - fZsMncwcqHjbGjO - vMnBjy1yMX * dvNxbwALt3WKg1DinBkEcHgBwy8CgVZ0 = 。

[3] 搜狐网：《惊！2016 年中国交通事故死亡人数 6.3 万持世界第二》，https：//www. sohu. com/a2118295b7_ 16300/。

[4] 浙江在线健康网：《跨年夜上海外滩踩踏事件：短短 17 级台阶 36 人挤压中遇难》，http：//health. zjol. com. cn/system/2015/01/02/020442756. shtml。

[5] 百度网：《中华人民共和国安全委员会》，https：//baike. baidu. com/item/% E4% B8% AD% E5% 8D% 8E% E4% BA% BA% E6% B0% 91% E5% 85% B1% E5% 92% 8C% E5% 9B% BD% E5% 9B% BD% E5% AE% B6% E5% AE% 89% E5% 85% A8% E5% A7% 94% E5% 91% 98% E4% BC% 9A/12425326？ fr = aladdin。

[6] 国家统计局：《国家数据：人口年龄结构和抚养比》，http：//data. stats. gov. cn/easyquery. htm？ cn = C01。

[7] 人民网：《空巢老人饿死家中凸显时代之重》，http：//opinion. people. com. cn/n/2014/1028/c1003 - 25923931. html。

[8] 中华人民共和国国家卫生健康委员会官网：《中共中央国务院关于全面加强人口和计划生育工作统筹解决人口问题的决定》，http：//www. nhc. gov. cn/wjw/zcjd/201304/e24af7197d5748e4be91a2cf45ff0586. shtml。

[9] 腾讯网：《七成以上中国人处于亚健康状态　长期积累易猝死》，https：//ln. qq. com/a/20140520/007769. htm。

[10] 腾讯网：《百余建筑工被欠工资两年称年关难过》，https：//sz. house. qq. com/a/20130111/000001. html。

[11] 新浪新闻：《人社部：重大欠薪案件要领导包案挂牌督办》，http：//www. chinanews. com/gn/2018/01 - 31/8437356. html。

[12] 国家统计局：《国家数据》，《城镇登记失业人员及失业率》，http：//data. stats. gov. cn/easyquery. htm？ cn = C01&zb = A0305&sj = 2019。

[13] 中华人民共和国中央人民政府网：《中华人民共和国道路交通安全法实

施条例》，http：//www. gov. cn/banshi/2005 － 08/23/content_ 25579. htm。

［14］人民网：《人民时评：社会稳定，每个部门都是“减压阀”》，http：//edu. people. com. cn/GB/9976240. html。

［15］搜狐网：《年终盘点：2017 国内网络安全重要事件回顾》，https：//www. sohu. com/a/212874628_ 507120。

［16］开源中国网：《快递官网漏洞泄露 1400 万用户信息》，https：//www. oschina. net/news/54383/express － website。

［17］搜狐网：《个人信息泄露在如今到底有多严重》，https：//www. sohu. com/a/230559694_ 115224。

［18］中国日报网：《聚焦个人信息泄露：黑色交易猖獗，紧盯百姓钱包》，http：//cnews. chinadaily. com. cn/2018 －01/12/content_ 35491855. htm。

［19］搜狐网：《企业网站频现安全漏洞，信息泄露何时休》，http：//www. sohu. com/a/259965976_ 100293626。

［20］河南日报网：《整治骚扰电话须重拳斩断其利益链　运营商应避免变“帮凶”》，https：//www. henandaily. cn/content/2019/0604/168811. html。

［21］中国网：《乌鲁木齐 7·5 打砸抢烧严重暴力犯罪事件》，http：//www. china. com. cn/news/zhuanti/wlmq/node_ 7070980. htm。

［22］360 文档网：《徐州市》，http：//www. 360doc. com/content/12/1226/11/4893167_ 256328572. html。

［23］西征网：《关于以美国为首的西方发达资本主义国家对我国进行文化渗透现象的初步探究》，http：//www. xizhengw. com/html/xz/zzst/34784. html。

［24］广东政协网：《关于充分发挥社会组织在社会建设中作用的调研报告》，http：//www. gdzxb. gov. cn/zwhgz/shfz/scdy06/201311/t20131129_ 64633. htm。

［25］搜狐网：《“一笼小确幸”事件确认为食物中毒，共 71 人中招》，https：//www. sohu. com/a/160817897_ 172731。

［26］搜狐网：《竞争惨烈，2017 上半年餐饮死亡名录盘点》，https：//www. sohu. com/a/215210323_ 163497。

［27］新浪财经网：《咔哇潮饮中添加物是什么？医生：属第一类精神药品》，http：//finance. sina. com. cn/consume/puguangtai/2017 － 09 － 15/

doc - ifykywuc3630750. html。

[28] 央广网:《食药监总局:“咔哇潮饮”饮料含精神药品　立即停止生产销售》, http: //china. cnr. cn/ygxw/20171001/t20171001_ 523973452. shtml。

[29] 搜狐网:《三只松鼠深陷霉菌风波》, http: //www. sohu. com/a/166745801_ 99927860。

[30] 中国警察网:《宁波警方破获亿元制售假药案涉及全国 30 余省市》, http: //daan. cpd. com. cn/n157194/c24453876/content. html。

[31] 新华网:《1 - 10 月全国接报火灾 21. 9 万起, 住宅火灾超 4 成, 电气是首因》, http: //www. xinhuanet. com/politics/2017 - 11/07/c_ 129734921. htm。

[32] 人民网:《2005 年全国发生火灾 23 万多起, 造成 2496 人死亡》, http: //politics. people. com. cn/GB/1027/4045210. htm。

[33] 中国共产党新闻网:《生态安全是国家安全的重要组成部分》, http: //theory. people. com. cn/n1/2015/1218/c83846 - 27946338. html。

[34] 中国政府网:《内蒙古自治区近亿亩草原遭遇鼠害, 涉及 27 个旗县区》, http: //www. gov. cn/gzdt/2010 - 05/30/content_ 1616608. htm。

[35] 人民网:《汶川震区两栖动物生存堪忧, 15. 2% 的栖息地遭破坏》, http: //politics. people. com. cn/n/2013/0913/c70731 - 22917843. html。

[36] 百度网:《中国的粮食问题》, https: //baike. baidu. com/reference/3694326/86ee64TOn85fqBaJGy9xbReffLlRFUtvjKFhBAU6GyV5Wh0leH7niK0DmHEeH56iLhmH9fWWpYR89qTJEIaNVu3qSDA2w - SrO25IsXS6i8kXpjg - gBHyEZ_ jH3QiiQ。

[37] 中国政府网:《中央国家安全委员会第一次会议召开　习近平发表重要讲话》, http: //www. gov. cn/xinwen/2014 - 04/15/content_ 2659641. htm。

[38] 央广网军事:《印度都有哪些军用无人机?》, http: //military. cnr. cn/wqzb/zcwq/20171208/t20171208_ 524054777. html。

[39] 中国共产党新闻网:《习近平: 决胜全面建成小康社会　夺取新时代中国特色社会主义伟大胜利——在中国共产党第十九次全国代表大会上的报告》, http: //cpc. people. com. cn/19th/n1/2017/1027/c414395 - 29613458. html。

[40] 人民网:《军民融合发展国家战略强军兴军》, http: //opinion. people. com. cn/n/2015/0313/c1003 - 26686400. html。

[41] 中国人大网：《联合国打击跨国有组织犯罪公约》，http：//www.npc.gov.cn/wxzl/wxzl/2003－11/07/content_323719.htm。

[42]《联合国公约与宣言检索系统》，《联合国海洋法公约》，https：//www.un.org/zh/documents/treaty/files/UNCLOS－1982.shtml。

[43] 南方网：《台湾网络间谍疯狂作案后返台 大陆下令通缉制裁》，http：//news.southcn.com/hktwma/nfwyc/content/2007－10/31/content_4267238.htm#default#homepage。

[44] 中国共产党新闻网：《习近平：决胜全面建成小康社会 夺取新时代中国特色社会主义伟大胜利——在中国共产党第十九次全国代表大会上的报告》，http：//cpc.people.com.cn/19th/n1/2017/1027/c414395－29613458.html。

[45] 央视网：《中共中央关于加强社会主义精神文明建设若干重要问题的决议》，http：//www.cctv.com/special/256/1/20843.html。

[46] 国务院新闻办公室网站：《中国人权法治化保障的新进展》，http：//www.scio.gov.cn/ztk/dtzt/36048/37475/index.html。

[47] 西藏自治区人民政府网：《西藏自治区将于2030年建成8快9纵3横20联省道网》，http：//www.xizang.gov.cn/xwzx/shfz/201701/t20170130_119445.html。

[48] 中国政府网：《中华人民共和国宪法——2004年第13号国务院公报》，http：//www.gov.cn/gongbao/content/2004/content_62714.html。

[49] 新华网：《习近平：加强国际核安全体系 推进全球核安全治理——在华盛顿核安全峰会上的讲话》，http：//www.xinhuanet.com/world/2016－04/02/c_1118517898.html。

其他

[1] 魏建东、傅立铭等：《抑菌无土环境控制植物养殖舱》，CN105684787A，2016年6月22日。

[2] 郭克君、杜鹏东等：《一种伐木清林作业机》，CN204540199U，2015年8月12日。

[3]《预包装食品标签通则》（GB7718－2011）问答（修订版），中华人民共和国国家卫生健康委员会。

论文集

[1] 王前程、吴启发等：《安庆市草场资源及其利用的探讨》，《2009 中国草原发展论坛论文集》，安庆市畜牧局，2009。

后　记

本书是集体劳动的结晶。各位作者负责的任务如下。

本书框架、结构、写作大纲及绪论、第一章的写作、修改及校对工作由徐黎丽完成。

本书第二章第一、二、三、四节的写作、修改及校对工作由吴丹丹完成。

本书第二章第五、六、七节的写作、修改及校对工作由杨田完成。

本书第三章第一、二节的写作、修改及校对工作由杨丽云完成。

本书第三章第三、四节的写作、修改及校对工作由朱璧莹完成。

本书第四章第一、二节的写作、修改及校对工作由韩静茹完成。

本书第四章第三节的写作、修改、校对及全书目录修订工作由于洁茹完成。

本书第五章第一、三节的写作、修改及校对工作由魏渊博完成。

本书第五章第二节的写作、修改及校对工作由魏渊博、陈逸超共同完成。

本书第五章第四、五节的写作、修改及校对工作由陈逸超完成。

感谢以上作者为本书的设计、写作、修改及校对付出的辛勤劳动。

图书在版编目（CIP）数据

公共安全概论 / 徐黎丽，于洁茹主编. -- 北京：
社会科学文献出版社，2020. 8
ISBN 978 - 7 - 5201 - 6961 - 5

Ⅰ. ①公… Ⅱ. ①徐… ②于… Ⅲ. ①公共安全
Ⅳ. ①D035. 29

中国版本图书馆 CIP 数据核字（2020）第 134568 号

公共安全概论

主 编 / 徐黎丽 于洁茹

出 版 人 / 谢寿光
组稿编辑 / 周 丽
责任编辑 / 张丽丽 徐崇阳

出 版 / 社会科学文献出版社 · 城市和绿色发展分社（010）59367143
地址：北京市北三环中路甲 29 号院华龙大厦 邮编：100029
网址：www. ssap. com. cn
发 行 / 市场营销中心（010）59367081 59367083
印 装 / 三河市尚艺印装有限公司

规 格 / 开 本：787mm × 1092mm 1/16
印 张：10. 5 字 数：179 千字
版 次 / 2020 年 8 月第 1 版 2020 年 8 月第 1 次印刷
书 号 / ISBN 978 - 7 - 5201 - 6961 - 5
定 价 / 89. 00 元